선생님, 예술로 수업해요!

예술로 끄끄는 아이들

KB142487

선생님, 예술로 수업해요!

예술로 꿈꾸는 교실, 예술로 꿈꾸는 아이들

초판 1쇄 인쇄 2020년 12월 12일
초판 1쇄 발행 2020년 12월 22일
지은이 김순오
펴낸이 김승희
펴낸곳 도서출판 살림터

기획 정광일
편집 정태화
북디자인 이순민

인쇄.제본 (주)신화프린팅
종이 (주)명동지류
주소 서울시 양천구 목동동로 293. 22층 2215-1호
전화 02) 3141-6553
팩스 02) 3141-6555
출판등록 2008년 3월 18일 제313-1990-12호
이메일 gwang80@hanmail.com
블로그 http//blog.naver.com.dkffk 1020

ISBN 979-11-5930-168-1 03370

이 도서의 국립중앙도서관 출판예정도서목록(CIP)은 서지정보유통지원시스템 홈페이지(http://seoji.nl.go.kr)와
국가자료공동목록시스템(http://www.nl.go.kr/kolisnet)에서 이용하실 수 있습니다. (CIP제어번호: CIP2020052715)

예술로
꿈꾸는 교실,
예술로
꿈꾸는 아이들

선생님,
예술로
수업해요!

예술교육과 미적체험, 그 과정과 성찰의 기록   김순오 지음

살림터

예술교육,
어떻게 바라봐야 할까?

베토벤의 교향곡 5번, 운명 교향곡이라고 불리는 이 곡을 모르는 사람은 그리 많지 않을 것이다. 특히 곡의 첫 두 마디는 클래식 역사상 가장 인상적인 도입부로 꼽히곤 한다. 어느 음악학자는 운명 교향곡의 악보가 사라지더라도 이 동기만 남아 있다면 운명 교향곡 전체와 같은 곡으로 발전시켜 나갈 수 있을 것이라고 말하기도 했다. 곡 전체가 동기 부분을 변형하고 발전시켜 나가는 구조이기 때문이다.

어느 날 연수 시간에 베토벤의 운명 교향곡을 들려주며 물었다.

"이 곡은 무슨 곡일까요?"

연수에 참석한 대부분의 사람들은 곡의 시작만 듣고도 곧바로 운명 교향곡이라고 대답했다. 설령 곡의 제목을 모르더라도 '이 곡 뭔지는 알아요!'라고 했다.

"그럼 이 곡은 무슨 곡일까요?"

다시 음악을 들려줬다. 대부분 무슨 곡인지 알지 못했다. 아이러니하게도 들려준 곡은 베토벤의 운명 교향곡이었다.

'이 곡이 운명 고향곡이라고요? 진짜로요?'

분명 같은 운명 교향곡이었다. 다만, 첫 부분이 아니라 1악장 중 오보에의 아리아가 나오는 부분부터 들려줬을 뿐이다. 이 아리아를 듣고 곡을 아는 사람은 거의 없었다. 아리아가 끝나고 다시 첫 동기가 변형되어 나오는 부분에서야 운명 교향곡이라는 것을 알아챘다.

첫 동기 만에 무슨 곡인지 곧바로 알아채지만 오보에의 아리아를 듣고는 무슨 곡인지 모르는 사람들. 그런 분들이 정말로 베토벤의 운명 교향곡을 경험했다고 말할 수 있을까?

운명 교향곡의 첫 동기만큼이나 오보에의 짧은 솔로 부분은 베토벤의 천재성을 잘 드러내는 획기적인 부분이다. 연주가 갈수록 격정적으로 몰아치면서 분위기가 점점 고조되는 가운데, 어느 순간 등장하는 오보에의 멜로디! 모든 악기는 숨을 죽이듯 멈추고 오보에 홀로 아련함을 관객들에게 선사한다. 오보에 독주가 끝나면 모든 악기들은 다시 합심해 절정으로 내달린다. 고조되어가는 분위기서 역으로 선택한 적막! 베토벤의 천재성이 가히 놀라울 정도다.

'하긴, 모를 수도 있지? 그 긴 곡을 어떻게 전부 다 알 수 있겠어?'

맞는 말이다. 모른다고 해서 잘못된 것은 아니다. 아무리 유명한 클래식 곡이라고 하더라도 어떻게 그 곡의 부분 부분을 다 알 수 있겠는가.

"이 곡은 무슨 곡일까요?"

처음 내가 물었던 질문이다. 바로 이 첫 질문부터가 잘못된 질문이었다. 난 곡을 감상하면서 곡의 지식을 물어본 것이다. 곡을 듣고 이 곡이 무슨 곡인지 알고 맞히는 것이 과연 얼마만큼이나 중요한 것일까? 물론 곡에 대해 자세히 알면 좋을 것이다. 위대한 곡과 그 곡을 쓴 작곡가에 대해 관심을 갖고 자세히 알아가는 것도 중요한 부분이기 때문이다. 그렇지만 그 관심의 시작은 감상자 스스로부터여야 할 것이다. 누군가에 의해서가 아니라 스스로의 관심에서 시작되어야 할 것이다.

위의 질문으로 시작하는 수업을 상상해보자. 무슨 곡인지 아는 것에 초점이 맞춰진 수업에서 어떤 아이는 곡의 앞부분만을 듣고 재빨리 곡의 제목을 맞힐지 모른다. 그런데 제목을 맞힌 순간, 아이에게 그 곡이 온전한 곡으로 들릴까? 맞혔다는 성취감에 수많은 감정과 상상을 담은 운명의 이야기는 더 이상 들리지 않을지도 모른다. 어쩌면 아이는 운명 교향곡을 제대로 들을 수 있는 기회를 놓치게 된 것일지도 모른다. 듣고는 있지만 느끼지 못하고 흘려보낼지도 모른다. 제목만 남은 채 말이다.

이러한 상상이 우리의 수업 속에서 쉽게 찾아볼 수 있다고 말한다면 과장된 말일까? 내 경험 속의 수업은 자주 이런 모습이었다.

"그럼 어떻게 해야 할까? 무엇을 해야 하는 것일까?"

부족하겠지만 지금부터 이 질문에 대한 대답을 찾아보려고 한다.

2020년 12월

김순오

차례

전문가인 교원이라면 누구나 출판해보고 싶은 수업 실천사례집,
연구원으로서의 교원이기에 출판해야 하는 수업 실천사례집을
만나게 되어 반갑고 반가운 일이다.

이 책은 예술을 잘하는 수업이 아니라 예술을 느끼고 즐기는 수업을 고
민하고 도전해 온 과정이 담긴 책이다. 단순히 기능을 익히거나 흥미만을
위한 예술 수업이 아니라 예술교육의 본질을 추구하는 예술 수업을 찾고
만들어내기 위한 노력이 담긴 책이다.

교실수업 개선 노력 일환으로 여러 분야에서 수업 실천 사례와 경험이
담긴 책들이 출판되고 있는 요즘, 예술교육의 의미와 일상으로서의 예술이
란 무엇인지 고민한 흔적과 사례가 담긴 이 책은 교사, 관리자, 교육전문직
원 모두에게 예술교육의 흐름과 실천 방향에 대한 단서 제공과 고민의 시
간을 갖게 해준다.

교사에게는 예술 수업이 내 생활 속에 있다는 것을 다시 한번 일깨워주
며 수업 동기나 과정에 그치지 않고 성찰 과정까지 담고 있어 실천 동기를
강화하고 더 발전된 수업 사례를 만들 수 있게 도와준다.

관리자에게는 예술교육이 수단적이고 보조적인 존재로서의 역할이 아니

라 기본 교육의 중심 역할을 해야 한다는 인식을 명확히 하게 한다.

교육전문직원에게는 학생들에게 예술을 느낄 권리 제공과 보편교육으로서의 예술교육 정책 개발에 대한 단서와 고민을 던져준다.

이 책을 통해 교사들이 예술 수업으로 교실을 가득 채우고, 학생들은 예술을 느끼고 즐기며 꿈꾸길 소망합니다. 또한, 저자의 연구와 실천, 성찰의 과정이 담긴 이 책처럼 현장의 많은 교사가 자신의 수업 연구와 노력이 담긴 책들을 출판하여 공유하며 교실수업 개선을 위해 함께 하시길 소망합니다.

마지막으로 미완의 책에서 완성의 책으로 다듬어지길, 소통의 책이며 공감이 일어나는 책이 되기를 바라는 저자의 기대가 실현되기를 소망합니다.

광주교육대학교목포부설초등학교 교장 신승

이 책은 활자로 쓰였지만, 오선지 위에 음표들이 각자의 음을 연주하는 것처럼 느껴진다. 이는 글 속에 작가의 뛰어난 예술적 감수성과 창의성이 담겨 있기 때문이 아닐까 싶다.

작가는 운명처럼 예술을 만나 이를 자신의 삶 속에 녹여내기 위해 끊임없이 연구하고, 실행하고, 성찰해왔다. 이 과정에서 작가 스스로 느끼고 경험한 총체를 엮어 자신의 수업에 반영함으로써 학생들이 미적체험의 의미와 원리를 깊이 있게 이해하고 주체적으로 예술을 마주할 수 있게 이끌어주었다.

그동안은 작가와 학생들의 생동감 넘치는 열정의 기록들이 이 책을 만들어왔다면 이제부터는 이 책의 독자들이 여러 교육 현장에서 다음 페이지를 이어서 써 내려갈 것이라 믿는다.

마지막으로 늘 자신이 믿는 일, 해야 할 일, 하고자 하는 일에 대해 항상 용감하게 한 걸음씩 나가는 작가에게 응원의 박수를 보낸다.

첫 독자 교사 김정은

1장

예술교육을
만나다!

예술은 내게 어떻게 다가왔을까?

어릴 적부터 음악을 듣고 부르는 것을 좋아했다. 당시 유행하던 대중가요를 즐겨 듣고 따라 불렀다. 피아노를 조금 배우기는 했지만, 연주에는 큰 흥미는 없었고 악보를 익힐 무렵 그만두었다. 지금 생각해보면 그때 피아노를 관둔 게 몹시 후회된다.

초등학교 시절, 기억에 남는 분이 있다면 1학년 담임선생님이다. 수염을 가득 기르신 것으로 기억하는데 시를 좋아하셨던 분이셨다. 30년 전인데도 아이들의 글을 모아 문집을 만들어 주셨는데 거기엔 내 일기도 한 편 실렸다. 먼 훗날 내가 교사가 되어 예술에 관심을 갖다 우연히 그분이 작사하신 동요를 발견하기도 했다. '시골 여행'이라는 창작동요로 MBC 창작동요제 수상곡이었다. 뭔가 신기하고 놀라웠다. 아마도 내가 시와 음악에 가까워지게 된 것은 이분 영향은 아니었을까? 하는 생각에 지금도 선생님의 존재는 따뜻한 느낌으로 남아있다. 중학교 시절에는 친구가 음악을 함께 해보자고 제의하기도 했다. 고등학교 시절에는 그룹 넥스트와 일본의 엑스재팬에 빠져 락스타를 꿈꾸며 공연장을 찾아다니기도 했다. 아직도 넥스트의 마지막 해체 공연을 잊을 수가 없다. 그만큼 음악은 내 인생의 성장 과정 중 주요한 부분을 차지하고 있었다.

글 쓰는 것 또한 즐겼던 것 같다. 글이라기보다는 수업 시간에 집중이 안 되면 교과서 모퉁이에 끄적거리던 메모 정도였다. 고등학교 시절엔 감수성이 풍부했던 사춘기였는지 몰라도 평소 쓰지 않던 일기를 두 권씩이나 남겼다. 당시 썼던 시가 스무 편 정도 된 것 같은데, 대학 시절 문학 관련 대회에서 상을 받은 것을 제외하고는 지금은 모두 사라져 버렸다. 그렇다고 글을 잘 쓴 것은 아니었다. 그 흔하다던 백일장 상장조차 없다. 평소 글에 재주가 있다는 생각 또한 한 번도 해본 적이 없다. 그저 마음을 표현해 보고 싶었던 모양이다.

대학 시절, 원하던 대학에 들어가지 못해서인지 몰라도 학교에는 관심이 없었다. 강의실 대신 밴드 연습실 문을 두드렸다. 그곳에서 처음 드럼을 배우기 시작했고, 꿈꾸던 록스타들의 음악을 연습하기 시작했다. 밤새 작은 컨테이너 안에서 합주를 했다. 비가 퍼붓던 날, 한밤중에 모두 모여 불을 끈 채로 라디오헤드의 'Creep'을 연주하기도 했다. 아무것도 보이지 않았지만 음악에 대한 열정만은 밝게 빛나고 있었다. 대학가 지하 클럽에서 우리만의 공연을 매주 연주했다. 클럽에서의 마지막 공연 날, 평소 연주하던 마릴린 맨슨의 'Sweet Dream'을 연주하지 않고 끝내려고 하자, 한 외국인이 그 곡을 왜 들려주지 않느냐며 우리의 곡을 기억해 줬다. 그게 뭐라고 감동해서 눈물을 흘렸다. 지금도 그 시절이 가장 행복했던 순간으로 마음에 새겨져 있다.

이때부터인지, 아니면 아주 더 오래 전인지 몰라도, 음악, 혹은 예술은 내 삶 가까이에서 늘 함께했다. 음악을 찾고 만들고 연주하고 싶은 욕망으로 가득했다. 그러던 중 교육대학교에 입학하고, 음악교육과에 들어갔다.

교육대학교는 졸업논문을 쓰는 대신 졸업 연주회를 했다. 악기 소개를 해주는 시간에 한 선배가 콘트라베이스를 소개해 줬다.

'오~, 저 악기가 내 악기가 되겠군! 저걸로 재즈 밴드를 해야겠다!'

물론 내 의도와는 다르게 콘트라베이스로 클래식을 연주해야 했다. 하지만 그것이 나의 음악적 스펙트럼을 확장해 주는 계기가 됐다.

학교에는 오케스트라가 있었는데 콘트라베이스라는 악기를 한다는 이유만으로 난 1학년부터 바로 들어가게 됐다. 처음에는 함께하는 선배가 있었지만, 나중에는 나 홀로 남게 되었다. 근데 중요한 것은, 난 콘트라베이스를 연주할 줄 모른다는 것이었다!

합주하는 날이면 큰 악기를 잡고 그냥 서 있었을 뿐이었다. 연습하는 동안에는 듣고만 있었다. 연주자가 아닌 감상자로서 합주 시간을 보냈다. 그런데도 그 시간이 참 좋았다. 클래식을 잘 모르던 나에게, 더군다나 록스타를 꿈꾸던 밴드 출신인 나에게 클래식은 오히려 경계대상의 음악이었는데, 합주 시간은 날 공연장 한복판에서 음악을 감상할 수 있는 특별한 관객으로 만들어주었다. 그렇게 얼마나 지났을까? 커다란 희열의 순간이 찾아왔다.

바로 베토벤의 '교향곡 5번, C단조 OP. 67, 1악장'

프롤로그에서 말한 것처럼 첫 소절만 들어도 누구나 알 수 있는 '운명 교향곡'이다. 주변에서 쉽게 들을 수 있고 TV에서 심심치 않게 배경음악으로 사용되던 그 곡을 연습하는 순간, 난 말로 설명할 수 없는 두근거림과 떨림으로 온몸에 전율이 흘렀다. 모두가 숨죽인 가운데 지휘자의 손동작에 급작스럽게 시작되는 첫 소절, 점점 몰아치며 더해가는 1악장의 연주는 그동안 내가 들었던 '운명 교향곡'이 아니었다. 전혀 다른 새로운 느낌으로 내 심장을 강하게 내리쳤다. 나도 모르게 연주에 맞춰 악보를 쫓아가며 곡을 그렸다. 연습이 끝나고 난 뒤, 찬찬히 악보를 복기하다 보니 어느새 마음에 욕심이 가득 차기 시작했다.

'이 곡을 꼭 연주해보고 싶다!'

그 후로 매일 음악실에 남아 연습을 했다. 밤늦게 문을 닫을 때가 돼야 집으로 돌아갔다. 주말이나 휴일에도 마찬가지였다. 그렇게 꽤 시간이 흐른 후에야 합주에 참여할 수 있게 됐다. '운명 교향곡'의 첫 소절을 연주했을 때의 감동은 지금도 먹먹하게 다가온다. 그리고 함께 연주하며 느꼈던 하모니를 지금도 잊을 수가 없다. 연주가 완벽하거나 잘한 것과는 상관없었다. 그 자체로 감동과 행복이었다.

클래식뿐 아니라 다양한 음악 활동을 하면서 하루하루를 채워나갔다. 민중 노래패에서 '청계천 8가', '그날이 오면', '불나비', '광야에서' 등을 밤새 목놓아 부르며 시대와 함께했다. 때론 노래의 뭉클함과 연민에 가슴이 벅찼다. 추운 겨울, 사물놀이 동아리에 들어가서 일주일 동안 밥 먹는 시간을 제외하고 '설장구'를 연습하기도 했다. 그러던 중 다시 밴드를 해보고 싶다는 욕망이 샘솟았다. 결국 피아노를 잘 치던 동기, 색소폰을 불던 선배, 노래를 잘 부르는 신입 후배들을 모아 축제 기간이면 운영했던 음악 카페에서 어쿠스틱 느낌의 공연을 열었다. 반응이 좋아 몇 차례 공연을 더 했고, 그것을 시작으로 바이올린을 하던 후배를 추가 영입해 '뮤즈그레인(MuzGrain)'이라는 밴드를 만들어 우리만의 공연을 본격적으로 시작했다. 그리고 이 밴드는 2006년도에 대학가요제 30주년에 도전! 'Into the rain'이라는 곡으로 본선에 진출하는 쾌거까지 이루었다. 그 당시 교대 최초의 대학가요제 진출이었고, 본선 당일에는 아무 상도 받지 못했지만, 오히려 이슈가 되어 '무관의 제왕'이라는 타이틀로 각종 검색포털 사이트의 1위가 되기도 했다. 꿈같았던 시간들이었다.

예술이 나에게 어떻게 다가왔을까? 뒤돌아보니, 언제나 음악은 나의 마음을 두드리고 있었던 것 같다. 하지만 학교 교육과정은 그렇지 못했다. 초등학교 1학년 시절의 담임선생님을 제외하곤 학교나 교실에서 예술이 나에게 다가왔던 기억은 별로 없었다. 왜일까?

죽은 시인의 사회, 예술로 꿈꾸는 마을

    좋아하는 영화를 꼽으라고 하면 엔니오 모리꼬네의 음악이 담겨 있는 '시네마 천국'과 함께 '죽은 시인의 사회'를 꼽는다. 아마도 교사가 될 무렵, 주변에서 이 영화를 자주 거론했고 어릴 적 봤던 기억과 함께 키팅 선생님의 인상이 깊이 남아서 그럴지도 모르겠다. 아무튼 교사가 되고 초임 생활을 땅끝마을 해남에서 시작할 때였다. 같은 학교에서 근무하던 친한 동생과 술자리를 가질 때면 학교생활에 대한 이야기를 시작으로 교육에 대한 이야기, 인생에 대한 이야기, 꿈에 대한 이야기를 나누곤 했다. 그러다 죽은 시인의 사회에 대한 이야기가 자연스럽게 흘러나왔다. 영화에서 키팅 선생님이 학생 시절에 운영했던 비밀 서클이 '죽은 시인의 사회(Dead Poets Society)'로 해석됐다. 하지만 어디에서 읽었는지 정확히 기억은 안 나지만 영문 제목인 'Dead Poets Society'는 실은 '시인이 죽은 사회'라고 해석하는 것이 맞는다고 했다. 규율에 따라 엄격한 학업과 기숙 생활을 해야 했던 미국의 명문 사립 고등학교는 '시인이 죽은 사회'였고 사람들 사이에선 시를 읽고 나누는 모습이 점점 사라져갔다. 이런 사회의 모습이 곧 '시인이 죽은 사회'라는 것이다. 영화는 죽어가는 시를 낭송하고 기존의 규율에 맞서

자유롭게 자신의 생각과 의지를 막힘없이 이야
기하고 행동으로 옮기자고 주장한다.

언제나 이 영화는 교사로서, 그리고 주체적인
삶을 살고 싶은 한 인간으로서, 나의 가슴에 작
은 파동을 일으켜 멋진 삶을 살아보자 다짐하
게 만든다. 아이들과 다른 사람들에게 긍정적
인 영향을 주는 사람이 되자 다짐하게 만든다.
영화의 영향으로 모임을 만들자고 했다. 'Free,

영화 '죽은 시인의 사회'
포스터 장면

Dream, Relationship'이라는 가치 아래, 자유롭게, 자신의 꿈을 펼쳐나가
보자고 했다. 그리고 그 길을 혼자가 아닌 함께 나눌 수 있는 '관계' 속에서
걸어가자고 했다.

모임의 이름은 '시인이 꿈꾸는 사회'였다. 어찌 보면 손가락이 오그라드
는 유치한 도원결의였다. 술자리니 가능했으리라. 다음날이면 그 굳은 결
심과 다짐은 어디로 갔는지 모르게 숙취에 힘들어했었고, 가까스로 수업
을 했던 기억이 난다. 철없고 우스운 에피소드 같지만 그 또한 순수했던
소중한 추억이 되었다.

그로부터 8년이 흐른 지금, 난 '예술로 꿈꾸는 마을(Society Dreaming with
Art)'을 꿈꾸며 글을 쓰고 있다. 시인이 꿈꾸는 사회에서 출발한 예술이 꿈
꾸는 마을! 허황돼 보였던 그 도원결의가 늘 머릿속과 마음속에 맴돌곤 했
다. 끈을 놓지 않고 하나씩 하나씩 관심 갖고 실천해나갔다. 그것들이 조
금씩 쌓이자 그제야 방향이 보이기 시작했다. 시인을 포함한 예술로 꿈꾸
는 사회를 만들어 보고 싶어졌다. 그래서 행동에 옮겼다. 사회라고 말하기
엔 부끄러운 조그만 마을에서부터 시작했다. 예술과 함께, 삶을 꿈꾸는 사

람들을 만나 '예술로 꿈꾸는 마을'을 꾸려 운영했다. 순수한 마음으로 시작했지만 여전히 오그라드는 느낌은 어쩔 수 없다. 그래도 꿈꾸고 있는 중이니 뭐 어떤가! 이렇게 또 10년이 흐른 후, '예술로 꿈꾸는 마을'은 어떤 모습으로 변할지 자못 궁금하기만 하다. 정말 그런 사람들과 온 세상 이웃하며 지내게 될지도 모르는 일이니 일단 꿈은 꾸며 가보려고 한다. 이 책을 쓰는 지금 이 과정도 어쩌면 예술로 꿈꾸는 마을로 가는 길 위의 내 모습일 것이다.

영화 속 장면 중, 광고 내레이션으로도 나와서 유명해진 장면이 있다. 키팅 선생님이 둘러앉은 아이들을 바라보며 했던 말이다.

"We don't read and write poetry because it's cute.

We read and write poetry, because we are members of the human race.

And the human race is filled with passion.

And medicine, law, business, engineering,

these are noble pursuits and necessary to sustain life.

But poetry, beauty, romance, love, these are what we stay alive for.

To quote from Whitman:

'O me, O life of the questions of these recurring.

Of the endless trains of the faithless.

Of cities filled with the foolish.

What good amid these, O me, O life?

Answer: That you are here. That life exists and identity.

That the powerful play goes on, and you may contribute a verse.'

That the powerful play goes on, and you may contribute a verse.

What will your verse be?"

영화 '죽은 시인의 사회' 중에서

한때, 로빈 윌리엄스의 이 대사에 빠져서 대사를 외우고 읊조리며 다닌 적이 있다. 마침 그 당시 영상 제작 연수를 받고 있었는데, 그 대사를 주제로 영상을 제작해서 발표했던 기억도 난다. 나의 모습과 로빈 윌리엄스의 대사를 연결 지어 만들었던 영상이었다. 발표 전날, 엔딩 자막을 만들고 있을 때쯤 뉴스 속보가 하나 날라들었다. '로빈 윌리엄스, 세상을 떠나다.' 믿기지 않을 정도로 충격적이었다. 그동안 영화 속에서 보여줬던 그의 인자한 모습과는 전혀 어울리지 않는 소식이었기 때문이다. 너무나도 가슴이 아파 나도 모르게 눈물이 주르륵 흘렀고 멈출 수가 없었다. 영상 편집을 위해서 수십 번씩 그의 영상과 그의 목소리를 듣고 있었던 터라 그 소식은 너무나 무겁게 내 마음을 짓눌렀다.

'But poetry, beauty, romance, love, these are what we stay alive for.'

여전히 강렬하게 남아 있는 그의 대사. 내 삶의 목적은 진정 무엇인지, 무엇을 바라보고 추구하며 살아야 하는지에 대한 고민을 갖게 해주는 대사였다. 내가 좋아하는 신해철의 '나에게 쓰는 편지'가 떠오르는 대사이기도 하다. 시처럼 또는, 아름다움과 낭만, 그리고 사랑처럼 예술은 우리의 삶을 유지하기 위한 수단으로서의 필요가 아니라 우리 삶의 목적 그 자체라는 생각이 든다. 오늘도 스스로에게 물어보며 고민을 이어간다.

"What will your verse be?"

우연히 읽은 책 한 권, 예술교육을 다시 보다

　교무실에 가면 책장에 여러 종류의 책이 가득하다. 교장 선생님께서 틈틈이 선생님들께 도움일 될 만한 책들을 채워놓으셨기 때문이다. 배움 중심, 프로젝트, 학급경영 등 교육 흐름을 반영한 책에서부터 인문, 철학, 수필, 소설 등 연구에 도움이 될 만한 책들로 가득 차있었다. 가끔 차를 마시거나 업무를 보러 갈 때면 책장에 꽂혀진 책들의 제목을 훑어보곤 했다. 그냥 거기에 놓인 책들만 봐도 기분이 좋았다.

　새 책이 채워지는 날이면 책 제목들을 살피며 예술과 관련된 책들이 있진 않을까 찾아보곤 했다. 관련된 책이 있으면 일단 집어 들고는 교실로 가져갔다. 그렇게 쌓인 책이 여러 권. 시간이 날 때면 한 권씩 책을 펼쳐보곤 했는데, 그러다 발견한 책이 서울문화재단에서 발간한 예술 총서 '미적체험과 예술교육'이라는 책이었다.

　미적체험이라는 말에 미술 관련 책인가 보다 하며 목차를 살폈는데 다양한 예술 장르가 등장했다. '연극, 미술, 음악…' 호기심이 차올라 순식간에 책을 읽어나갔다. 이 책은 예술교육에 대한 나의 고민에 실마리를 던져주었다. 거기엔 내가 해보고자 했던 수업의 방향이 담겨 있었다. 책을 읽는 동안 아이디어가 떠올랐다. 수업에 적용해보고 싶었다. 그래서 나름 수업을 구상해 아이들에게 적용해보았다. 수업은 하고 싶었던 활동에 대한 설렘으로 시작됐지만 해결되지 못한 숙제를 남긴 채 또 다른 고민으로 끝이 나고 말았다. 이 고민이 자연스럽게 미적체험에 대한 공부로 이어졌다.

'미적체험이라는 것은 정확히 무엇이지?'
'미적체험을 어떻게 수업에 적용할 수 있지?'
'난 무엇을 더 알아보고 공부해야 하는 걸까?'

갖가지 궁금증과 고민을 이어가면서 관련된 책을 찾고, 문득문득 떠오르는 아이디어를 메모지에 적어 놓았다가 하나씩 수업으로 구상해 적용해보았다. 3장에 소개되는 사례가 바로 그것이다. 적용했던 수업은 소개된 사례보다 훨씬 많지만 아이디어가 되었던 자료 사용에 대한 제약이나 다른 책에서 소개되었던 비슷한 수업 사례는 책에 담지 않았다. 수

미적체험과 예술교육

업 사례, 그 자체 보다는 어떤 과정으로 수업을 준비하고 실천했는지에 초점을 맞춰 자신만의 수업으로 재구성하면 좋겠다.

핀란드에서 방향을 고민하다

기회가 찾아오다!

서울문화재단에서 발간한 총서 중 '예술이 교육이다 유럽에서 만난 예술교육(곽덕주, 남인우, 임미혜, 2017)'이라는 책이 있다. 이 책을 읽고 나서 나는 또 한 번의 두근거림을 느꼈다.

핀란드, 스웨덴, 영국, 벨기에 네 나라의 예술교육을 소개한 이 책은 미적체험 예술교육이 어떻게 실천되고 있는지, 예술적 경험과 교육적 가치가 어떻게 작용하고 있는지, 예술교육에 대한 각 나라의 철학과 신념 등을 느낄 수 있었다.

'유럽에서의 예술교육은 정말 색다르구나! 직접 내 눈으로 보고 싶어!'
'이런 교육이 우리 교실에도 적용된다면 정말 멋질 텐데!'

간절히 바라면 통한다고 했던가? 기회가 찾아왔다. 그해 여름 핀란드로 떠날 기회가 생긴 것이다!

책을 접하고 한껏 마음이 부풀어 있던 터에 공문 하나가 눈에 들어왔다. 이전에는 보지 못했던 교육과정 우수학교를 탐방하는 연수단 모집 공문이었다. 연수단이 정한 주제에 따라 원하는 지역을 직접 선택하고 탐방 일정도 자율적으로 계획하여 운영하는 연수였다. 여기에 선정이 되면 유럽의 예술교육을 눈으로 직접

유럽에서 만난 예술교육

보게 될지도 모른다는 생각에 밤새 여러 자료를 찾고, 예술교육에 관심이 있는 친한 선생님들을 모아 계획서를 제출했다.

지금도 그때를 떠올려보면 '정말 절묘한 타이밍이었어!'라는 생각이 든다. 그 시기에 그 책을 읽지 않았더라면 핀란드를 찾았을까? 그때 핀란드를 가지 않았다면 예술교육의 방향을 진지하게 고민했을까? 어쩌면 우연일지도 모르는 그런 일들이 쌓여 예술교육을 알아가던 나에게 큰 도움이 되었다. 핀란드 연수는 새로운 인연을 만나게 되는 계기가 되었다.

들뜬 마음도 잠시, 핀란드로 떠나는 준비 과정은 굉장히 어려웠다. 연수단에 선정된 것만으로도 너무 기쁜 나머지 선정만 되면 모든 게 다 된 것인 줄 착각하고 있었다. 출발부터 도착까지 모든 연수 일정과 운영을 스스로 계획하고 준비해야 한다는 것을 잊고 있었다. 정신을 차리고 보니 다급함에 걱정만 한가득, 일정에 맞춰 항공편을 예약하고 숙소를 구하는 것은 쉬운 일에 속했다. 방문하려는 기관, 학교와 약속을 잡고 일정을 조율하는 일은 상상 그 이상으로 복잡하고 힘들었다. 당장 그곳에 어떻게 연락할지부터가

막막했다. 정말 맨땅에 헤딩을 하는 기분이 어떤 것인지 알게 되었다.

"어떻게 연락을 하지? 뭐라고 해야 하지? 일정을 못 잡으면 어떡하지?"

일단 관련 사이트부터 찾아 알 수 있는 것들을 살폈다. 그곳도 우리나라 기관처럼 조직도가 있을 거란 생각이 들었다. 노력 끝에 조직도의 담당자에게 장문의 이메일을 보낼 수 있었다. 답장이 오기만을 기다리며 긴장의 시간이 흘렀다. 일주일 정도가 지나고 드디어 답장이 왔다. 하늘을 나는 기분이었다.

그 뒤로 몇 차례 메일을 주고받으며 방문 목적과 면담 시 예상되는 질문과 답변을 주고받으며 연수를 준비했다. 준비를 하면서 크게 느낀 건 영어가 필수라는 것이다. 누구라도 외국기관으로의 탐방을 계획한다면 언어적인 면을 가장 중요하게 생각해야 할 것이다. 대략적으로 어설프게 알아듣는 영어 실력으로는 일상 대화 이상의 면담에는 한계가 있었다. 그들이 생각하는 예술교육의 가치와 철학, 세부적인 운영 과정과 방법 등을 교류하기엔 턱없이 부족한 영어실력. 결국 통역을 구했지만 직접적인 소통을 하지 못한 게 못내 아쉬웠다.

통역을 구하기 위해 주한 핀란드 대사관과 주핀란드 대한민국 대사관에 각각 연락을 했다. 핀란드에 거주하는 한국인 학생들의 SNS 소통 공간(KOSAFI FORUM)과 코트라 헬싱키 무역관 등 여러 경로를 통해 통역을 구했다. 다행스럽게도 코트라를 통해 예술을 전공하고 대학원에서 박사 과정을 공부하고 있는 한국인을 추천받았다. 그분을 통해 현지 소통뿐만 아니라 예술교육과 관련된 여러 기관도 소개받을 수 있었다. 탐방하는 내내 매우 큰 도움이 됐다.

아난딸로 아트센터를 찾다!

핀란드 헬싱키에는 아난딸로 아트센터가 있다. 1987년도에 개관한 이곳은 폐교된 초등학교를 리모델링해서 만든 곳으로 '마리안나 까얀띠'에 의해 설립되었다. 처음 시작할 때의 직원 수는 고작 3명이었다고 한다. 아난딸로(Annantalo)에서 'talo'는 집을 뜻하는데, 그래서 아난딸로를 우리말로 하면 '안나의 집'이다. 아마도 설립자의 이름을 따서 지은 것이 아닌가 싶다. 아무튼 이곳을 방문하기 위해 탐방지를 핀란드로 선택한 거라 말할 정도로 꼭 가보고 싶었던 기관이었다.

이곳은 어떻게 보면 학교의 예술교육을 지원해 주는 역할을 하고 있었다. 대상은 영유아에서부터 아이들, 청소년, 가족에 이르기까지 다양하며 연령에 따라 운영 방법이 달랐다. 또한, 교사를 위한 웹서비스도 제공하고 있었다. 학생을 대상으로 하는 학교 프로그램과는 별도로 자율활동으로 0~18세를 위한 예술 활동(연간 700명 이상 수강), 전시회, 이벤트, 공연, 워크숍 등이 운영되고 있었다.

그중에서 이곳의 1~6학년(핀란드 기준)을 대상으로 하는 '5×2 프로그램'은 이곳의 대표적인 프로그램이며 내가 가장 관심을 갖고 있던 프로그램이었다. '5×2 프로그램'은 설립자 마리안나가 만든 프로그램으로 원래는 수영교육을 위해서 '5주 동안 2시간씩' 운영하는 프로그램을 예술에 적용한 것이다.

"생존하기 위해 수영을 배우는 것처럼 생존을 위해 예술을 배운다."

    헬싱키의 학생들(연간 5,000명 이상)은 이곳 아난딸로에서 한 주에 2시간씩 5주 동안 예술교육 프로그램에 참여할 수 있다. 다양한 프로그램 중 원하는 프로그램을 선택할 수 있고, 소규모의 그룹으로 이뤄져서 학생 개별 체험이 가능하다. 중요한 것은 강제가 아닌 자발적 선택에 의해서 이곳을 찾는다는 것이다. 마리안나는 오직 예술만이 학생들을 숫자와 점수에 상관없이 성공에 이르게 하고 성공을 느끼는 경험을 제공해 줄 수 있다고 말한다. 또한, 예술은 학생들에게 열려있는 모든 가능성을 성취하게 해준다고 한다. 이러한 예술 경험을 제공하는 것과 그것을 통한 성공적인 배움의 경험을 제공하는 것이 이곳 아난딸로 아트센터의 예술교육 목적이기도 했다.

    이곳의 운영 형태는 우리나라와 비교해볼 수 있는데, 한국문화예술교육진흥원에서 문화예술교육사업으로 지원하고 있는 학교예술강사 지원 사업과 비슷했다. (현재는 각 시도교육청에서 지역의 예술기관에 위탁하는 형태로 지원하고 있다.)

    예술강사 지원 사업은 다양한 예술교육 프로그램을 안내하고 각급 학교의 신청에 따라 해당 분야의 예술강사가 학교로 직접 찾아가서 수업에 참여하는 데 반해, 아난딸로는 별도의 공간에서 예술가, 예술 교사, 컬쳐럴 프로듀서(Cultural producer) 등이 함께 상주하며 다양한 예술교육 프로그램을 제공하고 있다.

컬쳐럴 프로듀서(Cultural producer)

예술교육 프로그램을 기획하고 관리하는 사람이다. 진행하는 예술교육 테마나 주제와 관련하여 조사와 연구를 하고, 관련 기관에 접촉하여 전문가를 찾아 수업으로 연결해 주며, 예술가와 강연자를 초대하거나 관련 공연의 관람을 연결하기도 한다. 핀란드에는 컬쳐럴 프로듀서가 되기 위한 별도의 학과가 있다.

장단점이 있겠지만 아난딸로의 장점은 지속성과 일관성이 있다는 것이다. 한 공간에서 정기적인 커리큘럼을 갖고 있는 예술가들이 상주하고 지속적으로 학생들에게 프로그램을 제공해 줄 수 있다. 이에 따른 프로그램의 시간이나 계획 또한 체계적으로 운영할 수 있다. 또한, 전문적인 장비와 도구를 갖춘 고정 공간이 있어서 전문적인 영역에 대해 제약 없이 운영할 수 있다. 그리고 다양한 장르의 프로그램이 한 건물 안에서 모두 이루어져서 언제든 여러 장르를 연계하여 운영할 수 있다.

이런 곳이 우리나라에 없는 것은 아니다. 2018년도에 '한국형 아난딸로'라는 소개로 유휴공간을 활용한 문화예술교육 전용 시설인 '꿈꾸는 예술터'가 추진됐다. 사업지로 2곳(경기 성남, 전북 전주)을 선정했다. 성남의 경우에는 폐교 예정인 학교에 조성 중이고 전주는 전주산업단지 내 폐공장을 활용했다. 기존에 조성된 예술창작공간인 팔복예술공장과 연계하여 폐공장 1개 동을 예술교육공간으로 리모델링했다. 꿈꾸는 예술터 지원 사업은 계속해서 추진 중인데 2020년도엔 강릉, 부산 북구, 밀양, 장수, 청주 5곳을 추가로 선정하였고 2022년까지 10곳 내외를 추가로 더 선정한다고 한다.

이 외에도 경남교육청에서 2018년도에 개관한 '경남예술교육원 해봄'이 있는데, 이곳은 폐교가 된 고등학교 40개 교실을 소공연장을 포함한 15개의 예술체험공간으로 리모델링해 지역의 학생들과 학부모, 지역주민들을 대상으로 상시 프로그램과 수시 심화 프로그램을 운영하고 있다. 또한, 경기교육청에서 2019년도에 용인 성지초등학교 별관에 '경기학교예술창작소'

라는 이름으로 감각 중심의 융합예술교육 공간을 만들어서 일반 학생을 대상으로 운영하는 체험형 통합예술교육과 전문가를 꿈꾸는 학생 대상의 집중형 전문예술교육을 운영하고 있다.

전주팔복예술공장

경남예술교육원 해봄

경기학교예술창작소

아난딸로와 같은 곳이 지역마다 생겨나고 있어 반갑고 기대가 크다. 하지만 걱정스러운 마음이 큰 것도 사실이다. 센터의 설립은 시작일 뿐이다. 내실 있는 운영이 전제되어야만 한다. 물론 예술교육을 위한 전용공간이 생긴다는 것 자체만으로도 큰 성과이긴 하다. 더불어 아난딸로를 설립한 마리안나처럼 센터를 운영하는 교육철학과 목적이 확고해야만 한다. 어떤 철학과 목적을 바탕으로 운영하는 공간인지, 누구를 위한 공간인지, 무엇을 하기 위한 공간인지, 학생을 대상으로 한 예술교육이 중심으로 자리 잡고 있는지가 명확해야 한다. 그렇지 못하면 사업이 양적으로만 팽창하거나, 지자체의 성과만을 위한 사업으로 활용될 소지도 있다. 그렇다 보면 학생 대상의 예술교육 비중이 축소되거나 지역 주민문화센터처럼 운영되어 버릴 수도 있다. 아무튼 짜임새 있는 내실 운영으로 이런 우려가 한줌 의미 없는 기우가 되길 소망한다.

다시 헬싱키 아난딸로로 돌아가 보자. 난 그곳의 프로그램을 직접 눈으로 확인해 보고 싶어졌다. 어떤 프로그램을 운영하고 있으며 어떤 수업 과정을 거쳐 아이들이 예술을 경험하고, 성공을 경험하는지 궁금했다. 그리고 그 프로그램들을 내 교실에 적용해볼 수 있지는 않을까? 한껏 기대를 안고 아난딸로로 안으로 들어섰다.

많은 궁금증과 설렘을 안고 센터 입구에 도착했다. 건물은 생각보다 작고 아담했다. 2층 건물이 마당을 둘러싸고 있었고, 마당에는 작은 화단과 벤치가 놓여 있었다. 마당 곳곳에는 예술작품 같은 구조물과 아이들의 표현물이 설치되어 있었다. 한쪽에는 최근에 지어진 것 같은 제법 크고 멋진 야외공연장이 있었다. 목조로 이루어진 공간이었는데 미술 작품처럼 독특

아난딸로 전경

야외공연장

한 형태로 지어신 공연장이있다. 탐방 기간 동안 이 야외공연장은 나에게 색다른 경험을 제공해 주는 특별한 공간이 되었다.

건물 내부로 들어섰다. 1층은 크게 전시를 할 수 있는 공간, 공연이 이뤄질 수 있는 소공연장, 공연을 위한 의상과 소품을 보관하는 공간, 편하게 이야기를 나눌 수 있는 카페로 이뤄져 있었다. 카페에서 담당자를 만나 간단하게 인사를 나누고 면담을 진행했다. 함께 건물 곳곳을 돌며 공간의 구성과 역할, 그 안에 갖춰진 여러 시설과 도구들의 설명을 들었다. 센터 중심으로 돌아가는 예술교육의 지속성과 통합적인 연결성이 다시 한번 장점으로 느껴졌다. 1층에 있는 소공연장 문을 조심히 열어보니, 예술가 2명이 서로를 향해 몸짓을 주고받으며 수업에 대한 아이디어를 교환하는 듯한 모습을 볼 수 있었다. 협업을 통해 하나의 수업을 준비해 가는 모습이 인상적이었다.

2층은 실제적인 프로그램이 운영되는 공간으로 여러 개의 활동실로 이루어져 있었다. 활동실별로 문 옆에 프로그램에 대한 안내 표지판이 설치되어 있었다. 복도 공간에는 무엇인가를 표현할 수 있는 직육면체의 작은 구조물이 있는데, 마치 미니 공연장 같았다. 복도 공간도 표현과 전시의 공간으로 활용하는 모습이 인상적이었다.

이런 시설과 공간에서 이뤄지는 프로그램은 무엇이 있을까? 궁금해 물어보았다. 예술 영역에 대한 12개의 프로그램이 존재한다고 답해왔다.

animation, architecture, digital photo, print making,
ceramics, painting and drawing, music studio,
baby music classes, word art, comic strips, textile art,
dance, theatre, photography and video.

1층 내부 공간

1층 소극장에서 예술 교사 2명이
프로그램에 대해 협의 중이다.

활동실 안내표지판

복도 미니 무대 공간

　　흥미로운 프로그램이 많이 있었는데, 이곳은 일반적으로 학교나 다른 기관에서 배울 수 있거나 프로페셔널한 예술가를 기르기 위한 목적의 프로그램은 운영하지 않는다고 했다. 그런 프로그램은 이곳이 아니어도 다른 데서 충분히 배울 수 있기 때문이란다. 다른 데서 해본 적이 없거나 쉽게 접할 수 없는 프로그램을 시도한다고 했다. 지하에 내려가서 본 도예 수업을 위한 구조물 역시 그러한 시도를 통해 시작된 수업이라고 했다. 아이들의 반응이 좋아 계속해서 운영 중이며 지금은 아이들의 작품들을 어떻게 전시하면 좋을지 고민 중이라고 했다. 그 고민의 결과 중 하나가 마당에 있었다. 아이들의 작품들을 일정한 패턴으로 묶어 하나의 커다란 작품으로 완성시켰다.

지하공간 도예수업 구조물

화단의 작품

1, 2층에 있는 각 활동실에는 프로그램에서 필요한 다양한 매체와 도구들이 갖춰져 있었다. 그것들을 활용한 수업에 대해 자세히 설명해 주었다. 수업의 목적과 과정, 아이들이 표현한 결과물을 살펴보면서 수업의 전반적인 과정을 떠올려 볼 수 있었다.

건물 곳곳을 돌면서 여러 가지 설명과 그에 대한 질문과 답변이 오가면서 이곳에 대해 조금씩 이해할 수 있었고 책에서 읽었던 예술교육에 대한 그들의 생각과 가치를 확인할 수 있었다. 그런데 프로그램에 대해서는 결

론부터 말하자면,

'특별한 프로그램은 없었다!'

더 정확하게 말하자면 특별한 방법이나 과정을 찾지 못했다. 다양한 예술 장르 프로그램을 갖추고 있다는 것은 신선하고 호기심을 갖게 했다. 또한, 프로그램을 위한 시설이나 장비가 잘 갖춰져 있다는 건 참으로 부러운 점이었다. 그러나 딱 거기까지였다. 이러한 프로그램이 아난딸로에만 존재하고 있는 건 아니라는 생각이 들었다. 프로그램 운영 과정이나 방법도 마찬가지였다. 내 교실에 이들의 프로그램을 곧바로 적용할 방법과 과정을 찾을 줄 알았다. 오산이었다. 예술교육에 관심이 있다면 어느 정도 익숙할 수 있는 장르의 프로그램과 예상되는 흐름에 대한 설명들뿐이었다. 이곳만의 뭔가 특별하고 독특한 방법은 찾기 어려웠다. 사실, 이들의 멋진 예술 수업을 배워 우리 교실에 적용하는 나의 모습을 기대했었다. 무언가 있을 거라는 기대감은 시간이 지날수록 약간의 실망감으로 못내 다가왔다. 그러나 그 또한 오산이었다. 잘못된 판단이었고, 잘못된 방향에 대한 기대감이었다. 바라보는 시선을 바꾸니 새로운 것들이 보이기 시작했다.

아난딸로에서 발견한 것!

면담 과정에서 난 예술교육에 대한 요령을 찾으려고만 했다는 것을 깨달았다. 바로 적용할 수 있는 그럴싸한 수업 방법을 기대했던 것이다. 이곳의

5×2 프로그램과 방법만 알면 나의 예술 수업이 해결될 것이란 잘못된 기대만 가득했었는지도 모른다. 정작 그 프로그램을 운영하는 예술가의 생각과 방향도 모른 채 말이다.

다행스럽게도 면담 과정 중 의미심장하게 들렸던 말 한마디가 내가 이곳에 온 이유가 무엇인지, 무엇을 얻어 가야 하는지, 다시 생각하게 만들었다. 그동안 대충 책갈피를 넘기며 읽었던 예술교육의 목적과 가치, 의미에 대해 깊이 고민해보는 계기가 됐다.

아난딸로의 탐방을 마치고 돌아오는 길, 생각이 다음과 같이 정리됐다.

Every child has the right to enjoy the arts
'모든 아이들은 일상에서 예술을 즐길 권리가 있다.'

담당자의 이 말은 나에게 예술교육을 바라보는 새로운 관점과 방향을 제시해 주었다. 어쩌면 이 말은 예술교육의 본질일 것이다. 우리가 왜 예술교육을 해야 하는지, 어떻게 해야 하는지에 대한 실마리이기도 했다. 특히 '권리'가 있다는 말이 참 인상적이었다. 한 번도 예술과 예술교육을 권리라고 생각해본 적이 없었기 때문이다.

모든 아이들이 예술을 즐길 권리가 있다는 말의 의미는 이곳에 설치된 특별한 구조물에서 더 의미 있게 다가왔다. 센터의 입구에 설치되어 있었는데, 관심 있게 보지 않으면 눈에 잘 띄지 않았다. 나 역시 입구에 들어설 때 자전거를 세우는 곳이라고만 생각했다. 그런데 이 구조물의 용도에 대해 설명을 듣고 나선 감탄을 자아냈다. 아마 이런 구조물은 우리나라에서는 찾아보기 힘들 거라 장담한다. 사진의 구조물이 어떤 용도의 구조물인지 알 수 있겠는가? 바로 유모차 주차장이다!

PRAM PARKING
Shelters for prams are located both in
the front courtyard and the back yard.

유모차 주차창　　　　　　　　홈페이지 유모차 주차창 안내

　유모차를 세울 수 있는 전용 주차장이 있다니! 영유아들을 대상으로 하는 프로그램을 위해 설치된 것이었다. 영유아를 위한 예술교육이 오래전부터 익숙하게 운영되고 있다는 느낌을 받았다. 평소 내가 생각하던 예술교육의 대상에 영유아는 없었다. 의사소통도 제대로 안 되는 아가들에게 전문적으로 예술교육 프로그램이 이루어지고 있다는 사실이 놀랍고 신기했다.

　탐방 기간 중에 아난딸로를 몇 차례 더 방문했는데, 실제로 영유아를 대상으로 운영하는 프로그램을 직접 볼 수가 있었다. 야외공연장 근처에 즐비하게 놓인 유모차들, 그리고 야외공연장에 펼쳐지고 있는 생경한 풍경. 아기들을 동반한 부모들이 예술가를 중심으로 동그랗게 둘러앉아있었다. 이제 막 걷기 시작한 아이, 아직은 걷지 못하고 엄마 품에 안겨있는 아이 등이 공연장 가운데 서있는 예술가가 신기한지 주변을 맴돌며 예술가를 바라보고 있었다.

야외공연장 주변의 유모차들

말도 통하지도 않고, 아직 말을 제대로 하지도 못해 옹알이만 할 것 같은 아기들과 무슨 예술교육을 진행하는 것일까? 예술가는 아기들에게 진지하게 이야기를 들려주고 있었다. 신비한 이야기인지 이야기와 함께 중간중간 여러 가지 악기로 신기한 소리를 들려주고 있었다. 구연동화처럼 감정과 느낌을 담은 억양과 표정으로 아이들과 소통했다. 부모들은 함께 이야기를 들으며 아이에게 귓속말로 속삭여주기도 하고 연주에 맞춰 아이와 함께 손뼉 치는 것을 도와줬다. 아가들은 부모와 함께 예술을 즐기고 경험하고 있었다.

'Every child'의 대상이 학교의 아이들만이 아니구나, 그보다 훨씬 어린 나이에서부터 시작하는구나, 어쩌면 아이가 태어난 순간부터 시작하는 것은 아닐까라는 생각을 떠올렸다. 또, 'enjoy'라는 말처럼 말도 통하지 않고, 심지어 무엇을 하고 있는지도 인식하지 못할 것 같은 아기들을 대상으로 진지하게 행해지는 모습들에서 '예술을 즐긴다.'라는 것이 어떤 의미인지 깨닫게 해주었다. 예술을 즐기는 행위가 특별한 것이 아니고 마땅히 누릴 권리라는 것을 잘 보여주는 풍경이었다.

The important thing is 'what', not 'How' And,

It depends on teacher!

'중요한 것은 '어떻게'가 아니라, '무엇'이다.

그리고 그것은 교사에게 달려있다.'

프로그램을 만드는 과정에 대해 물어봤다. 어떤 과정을 통해서 만들고, 만들 때 무엇을 중요하게 생각하는지 궁금했다. 모든 프로그램은 예술 교사의 경험에 기반을 둔다고 했다. 예술가로서의 오랜 경험을 바탕으로 예술성과 교육의 통합이 핵심이라고 했다. 또한, 아이들에게 예술 과정에 대한 경험을 매체와 도구, 환경을 통해서 제공하고자 한다고 했다. 단순히 활동 공간의 시설과 도구를 살피고, 프로그램의 방법과 과정만을 들은 내가 그들의 프로그램을 평가하려 했다는 것 자체가 애초에 잘못된 판단이었다. 누구나 마찬가지였을 것이다. 그들의 수업에 대한 고민, 그것을 통해 아이들에게 전달하고자 했던 경험과 목적을 이해하지 않고서는 그 공간에 있던 시설이나 도구는 제 역할을 하지 못하고 무의미하게 보였을 것이다. 특별한 경험을 위한 방법 역시 평범하게 느껴졌을 것이다.

중요한 것은 방법이 아니었다. 더 중요한 것은 방법을 통해 '무엇'을 전해줄 것인가였다. 그것에 따라 방법은 얼마든지 달라질 수 있다. 그리고 그 '무엇'을 정하기 위해서는 교사의 경험이 필수일 수밖에 없다. 위에서 언급한 것처럼 '예술성과 교육의 통합점'을 만들 수 있는 건 방법이 아닌 오랜 경험이기 때문이다.

그런데 이 '경험'은 단순히 교사의 기능이나 전공 같은 한정적인 개념을 의미하지 않는다. 자세한 의미는 헬싱키에 있는 또 다른 예술센터인 말미딸로에서 찾을 수 있었다. 사방 벽면이 거울인 무용실 같은 공간, 발레를 할 때 사용하는 스트레칭 바가 설치되어 있었다. 담당자에게 이곳은 발레를 배우는 곳이냐고 물었다. 그러자 담당자는,

"It depends on teacher."

그곳에 있는 시설을 어떻게 활용할지, 그곳이 어떤 공간이 될지는 교사에게 달려있다고 했다. 수업은 교사의 '경험'으로부터 나오는데, 이것이 꼭 기능이나 전공을 의미하는 것은 아니라고 했다. 설령 교사가 발레를 전공했다 할지라도 말이다.

'경험'은 교사의 고민과 노력에서 나온다. 떠오른 아이디어와 상상으로 무엇을 경험하게 만들지 고민하고, 그 노력을 담은 것들이 'It depends on teacher.'가 의미하는 교사의 '경험'이다. 우리는 이것을 '역량'이라고 한다. '역량'은 교사의 기능과 전공을 의미하지 않는다. 기능과 전공은 그저 그것을 돕는 보조적, 도구적 역할일 뿐이다.

말미딸로 스트레칭 바

위에 말한 내용을 다른 측면에서 접근해보자. 아이들에게 예술적 경험을 제공하는데 기능과 전공은 교사의 필수가 아니라는 뜻이 될 수 있다. 특정 예술 분야의 기능이 있거나 전공을 한 교사만이 할 수 있는 영역이 아니라는 뜻이다. 더 나아가서 예술교육은 모든 교사가 참여하고 채워가며 만들어갈 수 있는 무한의 영역이라는 생각이 들었다.

"모든 교사는 아이들에게 예술적 경험을 제공할 수 있는
경험과 역량을 가지고 있다."

그런 점에서 아난딸로 아트센터는 교사 연수를 중요하게 생각하고 있다. 이를 위해 대학 교육학과와 협업하고 있었고, 교사가 되고자 하는 학생들에게 예술교육과 관련한 커리큘럼을 제공하고 있었다. 또한, 'Kultus'라는 네트워크를 통해 학교와 현장의 교사들에게 필요한 예술 수업을 위한 가이드라인과 자료 등 다양한 정보를 제공하고 있었다. 관련 교사를 위한 워크숍이나 세미나도 운영하고 있었다.

이 점에서 나는 학교의 변화를 위해서는 교사를 위한 연수와 지원에서부터 시작해야 한다고 생각했다. 시설이나 사업 추진을 위한 예산 지원이 아닌, 현장 교사에게 필요한 연수를 기획하고 주기적으로 참여할 수 있게 해야 한다. 한 번에 수십, 수백 명을 모아놓고 일방적으로 강의하는 식의 연수가 아닌 소수의 교사들을 대상으로 직접 체험하고 실제적으로 운영할 수 있도록 도와주는 연수가 많이 만들어져야 한다. 일회성이 아닌 주기적, 상시적으로 이루어져야 한다. 일회성 사업이나 시설 확장을 위한 예산을 적절하게 절감하고 이 부분에 지원한다면 충분히 운영 가능할 것이다.

Kultus

Kultus는 핀란드 문화 교육부의 지원으로 아난딸로 아트센터가 운영하는 온라인 서비스이다. 도시에 거주하는 아동과 청년들의 문화 활동과 관련한 최신 정보를 제공하고 있으며, 200명 이상의 문화예술 활동가들이 이곳을 통해 행사, 워크숍, 그리고 다양한 공동체적 프로젝트를 운영한다.

또한, Kultus는 교사들을 위한 세미나와 연수 그리고 브리핑과 관련된 정보를 제공하고, 헬싱키 교육청은 Kultus를 활용하여 정규교육과정에서 문화 교육을 운영할 수 있도록 학교와 교사들을 지원한다. 이를 통해, 교사들은 교육적 필요에 적합한 행사들을 찾게 된다. 수학 학습을 지원하는 콘서트, 언어 학습을 증진시키는 극장 공연, 생물학을 설명하는 데 도움이 되는 예술 전시 등이 그 좋은 예다. (https://www.kultus.fi/ 안내 참고)

그렇다면 아이들은 어떨까? 아이들도 예술을 느끼고 즐길 수 있는 경험과 역량을 본래부터 갖고 있는 걸까? 스스로 예술을 경험하고 역량을 키워갈 수 있을까? 이에 대해 담당자는 다음과 같이 대답했다.

Children feel as artists feel!

'예술가가 느끼는 것처럼 아이들도 느낀다!'

아이들이 예술을 받아들이고 느끼는 과정은 예술가와 다르지 않다는 것이다. 스스로 예술을 경험하고 느끼며, 상상하고 표현할 수 있단다. 다만, 예술가처럼 표현하는 도구적인 기능, 예술 장르의 다양한 재료와 요소에 대한 경험이 익숙하지 않을 뿐이다. 아이들이 표현한 것이 우리의 기대치에 못 미친다고 하더라도 아이들은 예술가처럼 느끼고 표현하고 있다는 것이다. 표현할 수 있는 기회를 만들어주고 아이들이 무엇을 표현한 것인지에 대해 귀 기울여주고 발견해 주는 것이 필요하다.

그래서 아난딸로의 프로그램은 최대한 예술가의 표현 과정을 그대로 체험할 수 있게 구성되어 있었다. 가령, 아이들이 연극이나 뮤지컬을 경험한다고 해보자. 아이들은 여러 활동 과정을 통해 무대를 준비하고 공연을 선보이게 될 것이다. 이 과정에서 필요한 것들을 떠올려보면 무대, 조명, 음향시설, 캐릭터에 어울리는 의상, 분장 등 다양한 것들이 필요하다. 그러한 것들을 통해 아이들은 자신들이 준비하고 떠올린 것들을 무대를 통해서 표현하게 된다. 아난딸로는 이를 위해 작은 공연장과 무대 표현을 연습할 수 있는 또 다른 무대 공간, 수백 벌의 의상이 준비된 의상 룸 등이 갖춰져 있다. 물론 이러한 시설과 장비는 표현의 수단이고 그것을 갖추려고 하는 까닭과 목적이 먼저일 것이다.

사진촬영 시설   의상룸을 가득 메운 의상   사운드 작업실 녹음시설

아난딸로에서 예술교육의 방향을 발견하다!

1. Every child has the right to enjoy the arts

   '모든 아이는 일상에서 예술을 즐길 권리가 있다.'

2. Children feel as artists feel!

   '예술가가 느끼는 것처럼 아이들도 느낀다!'

3. The important thing is 'what', not 'How' And, It depends
   on teacher!

   중요한 것은 '어떻게'가 아니라, '무엇'이다.
   그리고 그것은 교사에게 달려있다.'

4. Every teacher has the ability to raise children's aesthetic
   sensitivity.

   모든 교사는 아이들에게 예술적 경험을 제공할 수 있는
   경험과 역량을 가지고 있다.'

내가 바라는 예술교육(1)

아난딸로에서 발견한 것들은 예술교육을 이해하고 실천하는 데 방향을 제시해 주었다. 제시한 방향에서 무엇을 더 연구해야 할지 과제를 안겨주었다. 또한 수업에서 무엇을 실천해야 할지에 대한 고민을 던져주었다. 큰 발견과 성과를 얻었다고 생각했는데, 돌아보니 그로 인해 더 깊은 고민과 과제를 얻어 온 느낌이었다. 고민과 과제는 시련을 안겨주겠지만 한편으론 설레었다. 나만의 특별한 연구 과제와 방향을 찾는 여정, 그리고 그것을 실제 수업에 적용하는 뿌듯함이 상상됐기 때문인지도 모르겠다. 또, 이런 나의 경험을 바탕으로 예술교육에 관심이 있는 사람들과 생각을 나누고 공감하며 또 다른 발견을 해나갔으면 좋겠다는 바람이 생겼기 때문인지도 모르겠다.

"내가 바라는 예술교육은 무엇일까?"

대답은 내가 처음 예술을 만나고 좋아하게 된 시간에 담겨져 있는 것 같다. 타고난 관심과 우연한 기회에 더욱 가까워지게 된 예술! 그것을 즐기고 좋아하며 지내던 내 모습! 우리 아이들에게 예술이 다가갈 기회를 주고, 예술을 느끼며, 예술로 꿈을 꿀 수 있는 경험을 갖게 되길 바란다. 그것이 나처럼 음악으로 시작할 수도 있고, 또 어떤 아이에게는 연극이나 영화가 될 수도 있을 것이다. 어떤 예술 분야인지는 중요하지 않다. 다만, 나처럼 타고

난 관심과 우연한 기회로 예술이 다가오는 것이 아니라 학교에서, 교실에서, 그리고 수업 속에서 예술을 만나는 경험이 많아지길 바란다. 결국엔 모든 아이들이 일상에서 예술을 즐길 수 있기를 바란다. 그래서 아이들의 삶과 예술이 연결될 수 있기를 바란다. 그 시발점이 학교 수업이 되었으면 좋겠다. 우리 교실이 예술을 느끼고 즐기는 출발점이 되길 바란다.

2장

예술교육을 나누다!

2장에서는 예술과 예술교육에 대한 개념을 다수의 문헌을 통해 인용하여 정리했다. 그로 인해 내용이 다소 무겁게 느껴질 수 있다. 아마도 내공이 부족한 정리 때문일 것이다.

'난 개념이나 이론적인 내용보다는 실제 수업에 적용한 내용을 알고 싶어.'

라고 생각하는 사람은 2장을 건너뛰고 3장으로 넘어가도 상관없다. 다만, 우리가 예술교육을 실천할 때, 단순히 적용 방법만을 알고 실천하는 수업과 예술의 개념을 이해하고 이를 바탕으로 예술교육을 하는 수업 간에는 분명 차이가 있을 것이다. 그런 점에서 다소 지루할지도 모르는 2장이지만, 충분한 시간을 두고 읽으면서 예술교육에 대한 각자의 생각을 정리하는 기회가 되길 바란다.

예술을 바라보다

예술이란 무엇인가?

우리는 예술이라는 단어를 주변에서 쉽게 찾아볼 수 있지만 그것이 무엇이냐에 대해서는 쉽게 대답하기 어렵다. 예술이라는 말을 아는 것과 예술이 어떤 의미를 갖느냐는 것은 다르기 때문이다. 마치 우리가 '사랑'이라는 단어를 셀 수도 없이 사용하고 있지만 정작 사랑의 의미가 무엇이냐고 물으면 쉽게 답하기 어려운 것과 같다. 사랑이 담고 있는 의미가 여럿인 것처럼 예술 역시 의미가 다양하고, 시시각각 변화하고 있기 때문이다.

예술은 다양한 관점에 따라 의미가 달라질 수 있다. 그럼에도 불구하고 '예술이란 무엇인가?'라는 질문에 대답을 해 보려는 까닭은 예술교육을 실천하는 교사의 입장에서 예술의 의미에 대해 고민하고 생각을 나름대로 정리할 필요가 있기 때문이다. 또한, 그에 따라서 예술교육의 모습도 달라질 수 있기 때문이다.

여러 장르의 집합체로서의 예술

예술 하면 가장 먼저 떠오르는 음악, 미술이란 장르가 있고, 무용, 연극, 뮤지컬, 영화와 같은 장르도 있다. 음악의 세부적인 장르로서 클래식, 재즈, 블루스, 힙합, 팝, 락, 댄스, 레게, 일렉트로닉, 퓨전 등의 형식에 따른 장르가 있다. 서양의 클래식과 국악, 아르헨티나 부에노스아이레스의 탱고, 영화 부에나 비스타 소셜 클럽에서 멋지게 소개되는 쿠바 음악, 축제의 대명사인 브라질 삼바, 현란한 기교로 기타와 춤이 어우러진 스페인의 플라멩코와 같이 지역의 특색을 나타내는 장르도 있다. 미술은 어떠한가! 크게는 회화, 조소, 공예, 서예를 시작으로 만화, 애니메이션, 사진뿐만 아니라 비디오아트나 그래픽 등 순수 미술과 구분되는 미디어아트까지 미술의 장르로 본다.

예술이라 불리는 장르 중에는 패션과 건축도 있다. 패션은 미술의 영역, 건축은 공학 영역에 가깝다 생각할 수 있다. 대학에서 건축공학과라고 말하지 건축예술과라고 하지 않는 것처럼 말이다. 그런데 프랑스에서는 예술 장르별로 분류할 때, 건축이 제1의 예술로 분류된다.

프랑스의 예술 분류법
- 제1의 예술(le premier art) - 건축
- 제2의 예술(le deuxième art) - 조각
- 제3의 예술(le troisième art) - 회화
- 제4의 예술(le quatrième art) - 음악
- 제5의 예술(le cinquième art) - 문학
- 제6의 예술(le sixième art) - 무용, 연극 등의 공연 예술(performing arts)

- 제7의 예술(le septième art)　영화
- 제8의 예술(le huitième art) - 사진, TV, 라디오 등의 미디어 아트
- 제9의 예술(le neuvième art) - 만화
- 제10의 예술(le dixième art) - 게임

출처: 나무 위키, '예술', 2.2 프랑스의 예술 분류법

위 분류 중 제5의 예술인 문학까지는 헤겔이 분류한 것인데, 문학 역시 예술의 장르로 생각했다. 오늘날 예술이라고 생각하는 무용이나 연극, 영화, 미디어아트 등의 제6의 예술부터 제9의 예술은 근대에 이르러 추가되었다.[1] 마지막 제10의 예술인 게임은 아직 논의 중이라고 한다. 과연 게임도 예술의 장르인지 서로 의견을 나눠보는 것도 흥미로운 일일 것이다.

우리나라에서는 '문화예술진흥법' 제2조 제1항에서 "문화예술은 문학, 미술(응용미술을 포함한다), 음악, 무용, 연극, 영화, 연예, 국악, 사진, 건축, 어문 및 출판을 말한다."라고 규정하고 있다.[2]

그리고 요즘은 예술의 하위 장르로 시각예술, 공연예술, 공간예술, 전통예술, 융합예술 등의 명칭으로 다시 범주화하여 예술이라고 부르고 있다.

예술가의 영역으로서의 예술

'예술가는 어떤 존재들을 말하는 걸까?'라는 생각이 든다면 예술가와 그렇지 않은 일반인을 비교해 보면 구별이 쉽다. 예술가는 특정 예술 장르

---

1) 나무위키, '예술', 2.2 프랑스의 예술분류법.
2) 김은영, 이론과 현장이 살아 있는 문화예술교육, 학이시습, 2014, p13.

에 대해 전문성을 갖고 있는 사람이고, 일반인은 그러한 전문성을 갖고 있지 않은 사람, 혹은 비전공자들이다.

또한, 예술가는 예술을 행하거나 표현하는 사람이라면 일반인은 그것을 관람하는 사람이다. 연주자와 청자, 작가와 독자의 차이일 것이다. 이러한 구분에서 보면 예술가는 모두에게 지칭될 수 없고, 예술가들이 행하는 예술 역시 특정 예술가 집단에 의해 행해지는 것을 의미한다.

그런 의미에서 예술이란 특정한 예술가들에 의해 표현되는 영역이다. 물론, 이러한 생각은 '예술가'의 의미를 어떻게 보느냐에 따라서 달라지는데, 그 부분은 예술교육에 대해 이야기할 때 다루기로 하자.

행위의 목적에 따른 예술

그렇다면 예술가는 무엇을 표현하는 것일까? 누군가는 자연을 관찰하고 발견한 것을 모방한다. 누군가는 그 대상이 자연이 아닌 인간 자신 혹은 타인의 모습을 모방하는 것이 목적이 되기도 한다.

여러 가지 감정을 묘사하는 누군가가 있다고 치자. 이는 지극히 주관적이고 개인적인 표현이 될 수도 있다. 느낌이나 감정은 눈으로 볼 수 없기 때문에 표현에 따라서 예술가가 의도한 바와 다르게 관객들에게 받아들여질 수 있다. 그래서 이러한 목적을 가진 예술가는 아마도 끊임없이 자신의 감정을 제대로 전달시키기 위해 노력과 시도를 할 것이다.

누군가는 기존에 존재하는 것들을 새롭게 재구성하거나 다른 형식으로 변화시키는 작업을 한다. 그는 기존의 틀이나 질서에서 새로운 규칙을 만들어낸다. 20세기 초 뒤샹이 화장실 변기를 뒤집어 '샘'이라는 작품을 소개한 것처럼, 예술가들은 기존의 것을 뒤집고, 비틀면서 새로운 영역이나 방향을 제시하기도 한다.

누군가는 감각이 이끄는 대로 우연적이고 즉흥적인 표현을 통해 새로운 의미를 찾기도 한다. 존 케이지가 4분 33초 동안 피아노 앞에 앉아 아무 소리도 연주하지 않고 시간을 재다가 들어가는 작품을 통해 음악의 우연적 요소를 선보였다. 연주자는 정작 아무 연주도 하지 않았지만 연주자가 앉아 있는 동안에 그 공간에서 들리는 모든 소리가 음악이 되었다. 그 소리는 준비된 것이 아닌 우연적인 즉흥성에 의해 표현되었다.

과학, 기술과 비교하여 바라본 예술

우리가 과학과 예술의 특징을 떠올려보면 대조적인 면이 있다. 과학은 이성적이고 분석적이며 예술은 감성적이고 포괄적 또는 전체적이라고 생각한다. 또한, 과학은 객관적이고 실제적이나 예술은 주관적이고 영감적이라고 한다. 객관적인 실체를 중요시하는 것과 상상력을 통한 형상의 표현을 중요시한다는 점도 대비될 수 있다.

이런 점에서 기술이라는 말도 과학기술이라고는 하지만 예술기술이라고 하지 않는다. 기술이라는 말은 예술과 같이 전문적인 영역에 대한 숙련된 능력을 갖고는 있다는 점에서 비슷하지만 예술과는 구별되고 과학과 거리가 더 가깝다.

그런데 이러한 대립적인 생각은 그리 오래되지 않은 근대에서부터 시작되었다. 18세기 말, '예술가'와 '장인'의 구별은 엄격했다. 이때 장인은 지적이지 않고 상상력이 없으며 창조적인 의지가 결여된 숙련 육체노동자로 특징

화됐다.[3] 이때의 장인은 지금 우리가 생각하는 장인의 의미와는 다르지만, 예술가와 구별되고 예술가보다 상상력과 창의성이 결여된 사람으로 평가됐다. 이를 통해 예술과 기술을 분리하여 생각했다는 것을 알 수 있다.

또한, 19세기 낭만주의 예술 사조가 퍼지기 전까지만 해도 과학과 예술은 대립적인 관계가 아니었다. 과학도 예술처럼 상상력이 중요한 역할을 하고 있었다. 예술 역시 이성이 중요하다고 생각했다. 과학에서 아직 드러나지 않는 잠재적인 자연현상의 법칙을 발견하기 위해서는 과학자의 상상력이 필요했다. 예술 또한 즉흥적으로 떠오른 영감을 무대에 실현하기 위해서는 과학적인 분석과 이성적인 사고가 필요했던 것처럼 말이다.

이런 시각에서 본다면, 근대 이후로 우리는 과학과 예술에 대한 편견을 갖고 있는 지도 모르겠다. 오늘날 과학과 예술의 공통적인 요소를 다시 찾고 융합하려는 노력이 일고 있다. 레오나르도 다빈치처럼 과학과 예술의 경계를 가로질러 과학의 예술적 성격, 예술의 과학적 성격을 재구성하는 데에 다시 관심을 갖는 것인지 모른다.

시대에 따른 예술철학에서 본 예술

예술철학적인 측면에서 예술을 볼 때, 미학을 빼놓고 이야기할 수 없다. 미감의 학문이라 할 수 있는 미학은 '미'와 '감각'의 학문이다. 아무튼 두 학문 모두 예술의 아름다움이 공동 연구 주제이다. 미학사에서 예술을 어떻게 바라봤는지 살펴봄으로써 시대의 흐름에 따른 예술의 모습을 살펴볼 수 있다.

....

3) 김은영, 이론과 현장이 살아 있는 문화예술교육, 학이시습, 2014, p19.

고대

플라톤(B.C.428~347)은 예술은 모방이라고 생각했는데, 이는 그의 '이데아 이론'을 바탕으로 한다. 감각기관을 통해 접촉한 현실 세계는 진실한 세계(이데아)를 모방한 것이며, 현실 세계를 모방한 것이 예술이다. 그래서 예술은 진실(이데아)에서 3단계 떨어져 있다. 또한, 문학예술 작품은 사람들의 마음을 감동시키고 단순한 사람들을 쉽게 현혹할 수 있다고 생각했다. 그래서 서사 시인과 희극 작가를 공화국에서 추방해야 한다고 주장하기도 했다. 이는 예술이 감정을 선동한다고 봤기 때문이다.[4]

이에 반해 그의 제자인 아리스토텔레스(B.C.384~322)는 예술은 모방이라는 생각에는 함께했지만, 그가 생각하는 모방의 의미는 달랐다. 그는 현실 세계와 구체적인 사물 속에서 아름다움과 예술의 본질을 찾고자 했다. 아름다움은 구체적인 사물 속에 존재하고 일정한 형식으로부터 나온다고 했다. 그리고 예술의 본질은 현실을 있는 그대로 재현하는 것이 아니라 예술가의 능동적인 구축이 추가된 것이라고 봤다. 그래서 현실의 충실한 모방에 그치지 않고 '창조(예술가의 능동적인 구축)'가 있는 모방이 진정한 모방이며 이는 오히려 실제 모델보다 더 수준이 높고 진실을 구현한다고 봤다.[5]

근대

근대를 이야기하기 전에 중세는 기독교가 최고의 지위를 차지하며 중세 문화는 곧 기독교의 문화였다. 그래서 아름다움은 하느님이 창조한 자연의 아름다움이고 인간이 창조한 예술은 폄하되었다. 그런 이유로 예술은 교양 과목 중 하나로 여겨졌다.

중세에서 근대로의 전환 과정 중 빠질 수 없는 것이 '르네상스'이다. 이탈

리아에서 시작한 르네상스는 말 그대로 그리스, 로마의 고전 문학예술의 부활과 신권 문화에서 인간 중심의 문화로의 전환을 의미한다. 고전 문화의 계승과 함께 예술의 창작 측면에서 큰 성과와 발전이 있었다. 또한, 상공업의 발달로 자연과학이 발전하면서 경험과 이성이라는 두 가지 사상에 따라 이성주의와 경험주의가 등장하면서 예술의 정의에 대해 예술은 자연을 모방한 것이라는 점은 같았지만 그것을 바라보는 관점은 달랐다.[6]

데카르트의 이성주의 철학에 바탕을 둔 신고전주의자들은 예술은 자연의 모방이며 예술은 자연과 동일하고 이성이 그것을 통괄한다고 생각했다. 이에 신고전주의자인 부알로(1636-1711)는 아름다움은 오직 이성에서 비롯되고 이성은 보편성과 영구성이 있기 때문에 아름다움도 보편적이고 영구적이다. 이때의 아름다움은 진리와 다르지 않고 진리는 곧 참된 것이고 자연이다. 그래서 자연을 유일한 연구 대상으로 삼아야 한다고 했다.[7]

이에 반해 경험주의를 집대성한 데이비드 흄(1711-1776)은 아름다움은 어떤 형상이 인간 마음의 특별한 구조 때문에 생성된 효과라고 주장했다. 그러면서 미의 유용성과 상대성을 강조했다.[8] 경험주의의 이러한 관점은 예술과 상상력의 관계에 관심을 가져왔고 예술은 이성에 근거하여 재현된다는 주장과 대립하며 이성과 상상력 중 어느 쪽을 더 중요시하느냐에 따라서 신고전주의와 낭만주의로 엇갈리게 됐다.

헤겔(1770-1831)은 '미는 이념의 감성적 표현이다.'로 예술을 설명했다. 이념

---

4) 김은영, 이론과 현장이 살아 있는 문화예술교육,학이시습, 2014, p18.
5) 허루아린, 정호운 역, 처음 시작하는 미학 공부,오아시스, 2018, p61-64 내용을 요약함.
6) 허루아린, 정호운 역, 처음 시작하는 미학 공부,오아시스, 2018, p95-97 내용을 요약함.
7) 허루아린, 정호운 역, 처음 시작하는 미학 공부,오아시스, 2018, p98-99 내용을 요약함.
8) 허루아린, 정호운 역, 처음 시작하는 미학 공부, 오아시스, 2018, p102.

은 플라톤의 '이데아'이자 예술의 본질인 '내용'을 의미한다. 그래서 예술은 '진실'을 표현하는 데, 표현의 형식이 감성 사물의 구체적인 형상을 통해 표현한다고 말했다. 이것은 예술의 감성적 요소를 인정함과 동시에 이성적 요소도 갖추어야 한다고 하며 두 요소가 적절하게 결합하여 완벽한 조화를 이루어야 한다고 강조했다.[9]

현대

현대에 이르러서는 여러 새로운 미학 사상을 바탕으로 다양한 예술에 대한 정의가 더욱 활발하게 이루어졌다.[10]

- ● **크로체(1866-1952)** - 예술의 본질은 곧 직관이다.
- ● **존 듀이(1859-1952)** - 예술은 곧 경험이다.
- ● **카시러(1874-1945)** - 예술은 직관적 형상의 감성적 형식, 형식을 만드는 활동이다.
- ● **가다머(1900-2002)** - 놀이는 곧 예술 또는 예술 작품이고 놀이에 대한 분석은 바로 예술 또는 예술 작품에 대한 분석인 것이다.
- ● **수잔 랭어(1895-1985)** - 예술은 인간의 감정을 표현하는 기호의 창조이다. 예술은 상상력과 감정 기호를 활용해 현실 세계에 없는 새로운 '유의미한 형식'을 창조하여 감정을 표현하는 것이다.

---

9) 허루아린, 정호운 역, 처음 시작하는 미학 공부, 오아시스, 2018, p121-123 내용을 요약함.
10) 허루아린, 정호운 역, 처음 시작하는 미학 공부, 오아시스, 2018, p133-155에서 예술의 정의와 관련한 언급을 정리함.

다양한 의미를 갖는 예술의 공통성

이처럼 예술은 고정적인 것이 아닌 총체적이고 유동적이며 포괄적인 의미의 산물이라고 할 수 있다. 그렇다면 예술에 대한 수많은 의미 속에서 예술이 갖는 공통적인 속성은 무엇일까?

내가 생각하는 예술이 갖는 공통성은 다음과 같다.

1. 예술은 인간의 의식적인 표현 활동이다.
2. 예술은 감각으로부터 시작한다.
3. 예술은 내용과 감정을 담는다.
4. 예술은 감동을 일으킨다.

다양한 의미를 갖고 있는 예술의 정의와 예술이 갖는 공통성을 고민해 봄으로써 앞으로 실천할 예술교육의 방향이 정해질 것이다.

다음은 타타르키비츠가 정리한 예술의 정의이다. 이것도 함께 살펴보며 각자가 생각하는 예술의 정의, 예술이 갖는 공통성을 정리해보면 좋겠다.

타타르키비츠의 예술의 정의[11]
1. 예술은 미를 산출한다.
2. 예술은 실재를 재현한다.
3. 예술은 형식의 창조다
4. 예술은 표현이다.
5. 예술은 미적 경험을 낳는다.
6. 예술은 충격을 낳는다.

....
11) 김은영, 이론과 현장이 살아 있는 문화예술교육, 학이시습, 2014, p29.

예술과 교육이 만나다

교육의 기능과 전환

우리 사회에서 교육이 갖는 사회적 역할과 기능은 늘 중요한 위치를 차지해 왔다. 근대사회에서는 산업의 발달과 사회 발전을 위한 인력 양성의 역할로서 이때의 교육을 전통적 교육관이라고 부르며 교육이 사회 유지를 위한 도구로서 존재했다. 그래서 인간의 개인성과 존엄성이 무시되었다는 비판을 받았다.

그 이후로 교육은 행동주의에서 인지주의, 다시 구성주의의 흐름 속에서 여러 모습으로 변화되고 있다. 그래서 단일한 관점에서 벗어나 다양한 관점으로 필요한 역량을 키우고 있으며, 전인적 성장이라는 목표를 강조하고 있다.

이러한 흐름을 담은 것이 국가수준 교육과정이다. 사회의 변화에 따라 새로운 교육과정이 발표되었고, 지금의 교육과정은 더 이상 분리된 교과목들의 집합체로서 정해진 교과서에 의해 고정된 틀을 이수하는 것이 아니라 학생 개인의 관심과 호기심을 자극하고 만들어가는 교육과정을 통해 새로운 것을 발견하고, 생각을 나누며 잇는 과정을 강조하고 있다. 그래서 지금의 교육과정은 개인의 경험과 삶이 중요한 교육의 원천이 된다.

존 듀이(1859-1952)는 교육과정이란 연속적인 성장의 과정이고, 각 단계의 목표는 성장하는 능력을 더욱 증진시키는 데 있다고 주장하며 교육은 삶의 과정 그 자체이며, 미래의 생활을 위한 준비가 아니라고 설명했다. 여기서 말하는 미래의 생활을 위한 준비는 전통적인 교육관에서 아동은 미래의 생활을 준비하기 위해 필요한 예비지식을 습득하는 성인기의 준비 단계라는 의미에서 본 준비이다.[12]

또한, 듀이는 교육에서 성장과 함께 경험을 강조하였다. 교육의 과정은 성장의 과정이며, 성장은 현재의 삶과 연결되어 경험하는 것들의 변화를 통해서 이뤄진다고 했다. 그래서 진정한 교육은 모두 경험을 통해 이루어지고 성장한다고 봤다. 그리고 경험은 자신의 삶의 경험에 기초하며, 성장은 현재의 경험과 앞으로의 경험 간의 상호 작용을 통해서 새로운 의미를 부여하여 경험을 질적으로 변화시키는 것이라고 봤다. 이를 듀이는 '경험의 재구성'이라고 하여 교육은 경험의 끊임없는 재구성이고 이러한 경험은 행함에 의하여 알게 되고 지식이 성립된다는 견해를 '행함으로써 배운다(Learning by doing)'라고 표현하였다.[13]

백령 교수는 많은 미래학자들이 미래 사회는 보다 창의적이고 기술과 매체를 활용하는 사회, 삶과 사회 전반의 질이 향상되며 문화적으로 미적 가

12) 김은영, 이론과 현장이 살아 있는 문화예술교육, 학이시습, 2014, p81.
13) 김은영, 이론과 현장이 살아 있는 문화예술교육, 학이시습, 2014, p82.

치와 감성적 가치기 존중되는 사회로 발전하는 모습을 전망했다고 한다.[14]
그러면서 그는 창의력과 상상력이 미래의 핵심 가치로 등장할 것으로 전망
하며 이러한 시대적 흐름에 따라 교육은 역량을 키우는 교육이 되어야 한
다고 했다.

이와 함께 더불어 강조되고 있는 교육이 민주시민교육이다. 개인의 역량
을 최대한 성장시키고 민주시민으로서의 역할과 세계 시민으로서의 성장
을 강조하고 있다. 이 안에는 다양한 가치와 이상이 담겨 있는데, 자주적인
생활 능력과 민주시민의식을 신장시키는 것을 비롯해서 자치, 평화·통일,
노동·인권, 생태·환경, 양성평등 등의 가치가 교육을 통해 내면화되길 바라
고 있다. 듀이 역시 학교에서 협동적인 민주 사회를 준비하는 과정을 경험
해야 하며, 민주적인 교육은 민주적인 학교에서 가능하다고 믿었다.[15]

이처럼 교육의 기능과 역할의 전환에 따라 예술은 어떻게 교육과 만나고
어떤 모습으로 자리잡아야 할까? 그것을 알기 위해서는 먼저 예술이 교육적
으로 어떤 가치와 효과가 있기에 교육으로 들어왔는지 살펴볼 필요가 있다.

예술이 갖는 교육적 효과

예술이 교육적인 효과를 갖는다는 것은 교육의 이상, 사회의 요구에 도
움이 된다는 뜻이다. 이는 예술이 갖고 있는 고유한 힘이자 예술 본연의 특

---

14) 백령, 통합예술교육이란 무엇인가?, 커뮤니케이션북스, 2015, p20.
15) 김은영, 이론과 현장이 살아 있는 문화예술교육, 학이시습, 2014, p81.

징이 사회에 필요하다는 뜻이기도 하다.

그런데 예술의 교육적 효과, 다시 말하면 예술교육의 필요성을 이야기할 때, 독특하게도 많이 언급되는 것이 '학력 향상'이다. 학생의 학업 집중도와 성취도를 향상시킨다는 것이다.

나도 이와 관련된 경험이 있다. 학교에서 오케스트라 업무를 맡았을 때, 학기별로 평가가 끝나면 오케스트라 단원과 그렇지 않은 학생들의 성적을 비교해보게 했다. 결과는 오케스트라 단원들의 성적이 더 높게 나왔다. 그 결과를 통해서 오케스트라 활동이나 악기 연습 활동이 학력을 향상하는 데 도움이 된다고 학부모님들에게 오케스트라를 소개했던 기억이 난다. 실제로 악기 연주처럼 예술과 관련된 활동 참여가 학업 집중도와 학습 태도에 긍정적인 영향을 미친다는 결과가 밝혀진 바도 있다.

그런데, 앞서 학력 향상을 독특하다고 말한 까닭은 예술과 학력의 연결이 어색했기 때문이다. 물론 학력 향상이 예술의 교육적 효과라고 말할 수 있겠지만 그것이 예술이 갖는 고유한 힘이라고는 생각하지는 않는다. 또한, 예술 본연의 가치나 목적도 아니라고 생각한다.

그럼에도 불구하고 오케스트라를 하면 성적이 오른다고 홍보하며 단원을 모집했던 까닭은 예술 활동을 별개의 교육 활동이나 교육과 관련이 적은 활동이라고 여겼기 때문이다. 오케스트라 활동을 하면 공부에 방해가 되진 않을까 하는 걱정을 성적 비교를 통해 한방에 날려버릴 수 있었다. 그럼에도 학부모님들은 여전히 아이의 성적을 걱정했다. 여기엔 예술이 교육의 중심이나 중요한 역할이 아니라는 전제가 깔려있다. 이러한 생각을 가진 사람들이 거의 대부분이다.

그런 점에서 서울대 곽덕주 교수는 예술이 갖는 교육적 효과에 대해 예

술이 지니는 교육적 힘, 특히 인문 교육적 힘에 초점을 두고 세 가지를 언급했다.[16]

'첫째, 예술교육은 지식 교육에 접근하는 '기초'로서의 기능을 갖고 있다. … 제4차 혁명시대에 요구되는 지식은 근대 지식의 양태인 이론적이거나 인식적 형태의 지식보다는 실천적이고 자기 구성적이며 체험적인 지식이다. 최근 국가수준의 교육과정 개혁에서 얘기되는 '핵심 역량' 중심의 교육과정이라는 것도 학교 지식의 성격에 대한 이러한 대전환을 준비하고 있다. 특정 지식을 좀 더 깊이 있게 이해하고 해석하며 재구성할 수 있는 능력이 요구되는 것이다. 이를 위해 예술교육은 지식을 아이들이 습득하고 적응해야 할 딱딱한 대상으로서가 아니라 개인적으로 의미 있고 정서적으로 연결시키는 능력과 태도를 준비시키는데에 일조할 수 있다. 왜냐하면 예술을 통한 경험이라는 것 자체가 특정 대상이나 사물에 대하여 개인적이고 깊이 있는 정서적인 반응을 자극하거나 이끌어내며 이러한 감수성을 연습시키는 것이기 때문이다.'

앞서 백령 교수도 언급했듯이, 미래 사회는 종합적 역량을 요구하는 사회로서 미적 가치와 감성적 가치가 존중되는 사회로 전망했다. 곽덕주 교수도 이러한 사회에서 요구되는 학교 지식의 성격을 언급하며 핵심 역량 중심의 교육과정에서 예술교육은 실천적이며 체험적인 지식을 재구성하고 아

---

16) 곽덕주, 학교예술교육은 왜 필요한가, 교육정책포럼 교육시론, 교육정책네트워크 정보센터, 2019의 내용을 발췌하여 정리함.

이들을 정서적으로 연결하며 미적 감수성을 일으키는 경험을 제공한다고 했다. 이를 통해 예술교육은 '실천적이고 자기 구성적이며 체험적인 지식'을 스스로 재구성하는 데 도움을 준다는 것이다.

둘째, 예술교육은 '세상을 살아내는 힘'에 필요한 아이들의 정서적 강인성과 인간적 성숙함을 기르는 데 핵심적으로 중요하다. 입시 위주의 압박적이고 위계적인 교육에 익숙한 우리나라 아이들은 감각과 몸으로 직접 느끼며 수용하는 정보에 기반한 자신의 판단 능력에 대한 자신감이 부족하다. 루소의 표현으로 말하자면, '감각적 이성'이 부족한 것이다. … 예술교육은 일차적으로 구체적 대상이나 사물에 주목하여 그 세부 사항의 고유성을 직접 보고 듣고 지각하며 체험하는 감각적 일깨움에서 출발한다. 이는 우리가 일상적으로 보고 듣고 지각하고 느끼는 습관을 새롭게 할 뿐만 아니라 우리 자신의 몸으로 느끼는 것에 기반하여 자신과 연결되는 연습, 그리고 이를 통해 자신이 누구인지를 탐색하는 방법을 열어줌으로써 아이들의 정서를 건강하고 강인하게 만들어 준다. 사실 '인간적 성숙'에 필요한 것은 자신이 느끼는 감정과의 내적 소통이다. … 예술교육은 아이들로 하여금 자신의 내면에서 일어나는 부정적이거나 강렬한 감정을 바라보고 이해하며 또 표현해 보도록 하는 기회를 줌으로써 이들의 인간적 성숙을 이끈다. 이러한 정서적 강인함과 인간적 성숙은 경쟁이 심해지고 점차 파편화, 개인화되어가는 디지털 미래 사회에서 아마 외롭게 살아가야 할지도 모르는 미래 세대에게 스스로 자신의 삶을 살아낼 수 있게 하는 내면적 힘이 된다. 그리고 예술은 바로 이러한 힘을 준비시키고 길러주는 대체

　'정서적 강인성과 인간적 성숙함'은 예술교육뿐 아니라 교육 전반의 본질적인 목표이지 않을까 생각한다. 그만큼 예술교육이 갖는 중요성을 잘 보여준다고 할 수 있다. 정서적 강인성을 언급함에 있어 '감각적 이성'이라는 말에 대한 추가적인 설명이 필요하다. 얼핏 감각과 이성은 서로 대치되는 용어인데 '감각적 이성'이라고 말하니 이상하긴 하다.

　이성을 사전에서 찾아보면 '개념적으로 사유하는 능력으로 감각적 능력과 구별되는 사유 능력'이라고 나온다. 이성이라는 말 자체가 감각과 상대적인 관계이다. 그래서 이성의 앞에는 주로 합리적이라는 말이 더 어울리지 감각적이라는 말은 어울리지 않는다.

　그렇다면 루소가 언급한 '감각적 이성'은 어떤 의미일까?

　우리는 아이의 발달단계에 따라서 저학년에서 고학년으로 넘어가는 시기에 이성이 발달한다고 생각한다. 그런데 루소는 아동기와 소년기로 구분하여 초등학교 시기를 아동기(6-12세)로 보고 그 이후를 소년기(13-15세)로 구분했다. 두 시기 모두 이성의 발달보다는 감각의 발달이 충분히 이루어져야 하는 시기라고 강조했다. 특히 소년기를 감각이 성숙되어가는 시기이자 이성의 발달이 시작하는 시기라고 봤다. 그래서 아동기와 소년기에서 충분한 감각의 발달, 감각의 성숙을 통해 사물을 인지하고 구분할 수 있는 능력을 '감각적 이성 혹은 어린이의 이성'이라 했다. 그래서 소년기는 감각적 이성이 성숙되고 그다음으로 오는 지적 이성(우리가 일반적으로 생각하는 이성)을 기다리는 시기라 했다.

　즉, 감각적 이성은 사물을 개념적으로 사유화하는 것이 아니라 우리의 오감을 통해 사물을 경험하면서 얻은 정보를 구분하고 판단하는 능력이다. 우리 주변의 사물과 상황, 일상을 몸으로 직접 보고 듣고 느끼는 감각적인 정보를 지각하고 판단하는 습관을 통해 자신에 대해 이해하고 정서적으로 건강하고 강인하게 만들어 준다고 본 것이다. 그런 점에서 예술은 체험을 통해 아이들의 감각을 일깨워주는 힘이 있고 감각적 이성은 예술교육을 통해 발달하고 성숙될 수 있다.

'루소의 에밀 읽기'에서는,

> 감각적 이성은 사물을 오감으로 경험하면서 개발되고 사물과의 관계에만 유용하다. 감각적 이성은 개념화의 기초가 되는데, 사물을 통제할 수 있는 자생력을 획득하는 과정에서 겪는 자신의 고통과 어려움을 기억하고 인지하기 때문이다. 자신의 고통을 지극히 단순한 형태로 개념화할 수 있으므로 그 개념을 통하여 타인의 고통에 동정하고 공감할 수 있는 발판, 즉 도덕 발달의 기초가 마련되는 것이다.[17]

라고 말하는데, 곽덕주 교수가 말한 '자신의 내면에서 일어나는 부정적이거나 강렬한 감정을 바라보고 이해하며 또 표현해보도록 하는 기회를 줌으로써 이들의 인간적 성숙을 이끈다.'와 연결이 된다. 감각을 통해 느껴지는 고통과 어려움을 인지하고 개념화하여 타인의 고통에 공감할 수 있게 만드는 발판이 곧 예술교육을 통한 인간적 성숙의 과정이다. 그리고 그

---

17) 이기범, 루소의 에밀 읽기, 세창미디어, 2016.

러한 공감은 자신이 느끼는 감정과의 내적 소통을 시작으로 이뤄질 수 있다고 한 것이다. 이를 보면, 인간적 성숙이나 도덕성 모두 이성보다 먼저 감각에 의한 발달을 통해 이루어져야 한다는 것을 주장할 수 있다.

셋째, 학교 예술교육은 우리나라 공교육의 학교 문화를 수평적이고 민주적으로 변화시킬 수 있는 동력으로서 모종의 역할을 할 수 있다. 예술을 통한 경험이 요청하는 사유나 태도는 한 가지 올바른 답을 지향하기보다는 개방적이고 유연하며 차이와 다양성을 존중하는 것이다. 예술교육은 한 가지 예술작품이나 대상에 대해 왜 많은 사람들이 서로 다른 느낌과 견해를 가질 수 있는지를 공공연히 드러내고 또 그것을 우리 눈앞에서 목격하게 함으로써 자신과 타인을 내면을 가진 한 사람의 인간으로 인정하고 존중할 수 있는 공적 문화를 만들어 낼 수 있다. 이것은 타자의 세계에 대해 공감하고 또 이것과 상호 공존할 수 있는 가능성을 보여 줌으로써 세계와 교제하는 민주적이고 수평적인 실천의 양식을 직접 예시하는 것이다. 이렇게 예술에 대한 경험을 매개로 하여 사람들과 소통하는 방식은 타 교과의 교수-학습 방법으로도 응용되어 확장될 수 있을 뿐만 아니라, 학교 구성원들 간의 상호 작용의 문화에도 잠재적으로 영향을 미칠 수 있다. 즉 학교 예술교육은 우리나라 공교육 문화의 변화에도 장기적으로는 일조할 수 있을 것으로 보인다.

수평적이고 민주적인 변화를 이끌 수 있다는 것은 예술이 갖는 다양한 해석의 허용과 차이를 인정해 줄 수 있는 특성 때문일 것이다. 예술작품을 감상하거나 공유하는 과정은 정해져 있는 결론을 발견하거나 전달받는 과정이 아니다. 창작자는 작품을 통해 자신의 느낌과 의도를 전달하고 감상자는 작품에 대해 다양한 관점으로 자신의 견해를 밝힌다. 이 과정은 하나의 정답이 나올 수 없고 우열을 가리거나 평가할 수도 없다. 이러한 특성이 교실과 학교에서 활발히 적용된다면 자연스럽게 학교의 문화 또한 수평적이고 민주적으로 변화할 수밖에 없을 것이다. 작품에 대해 말하고 듣는 과정을 통해 예술교육이 곧 시민교육이 될 수 있고, 예술이 문화가 된 공동체나 학교는 별도의 시민교육이 불필요하다고까지 말할 수 있을 것이다.[18]

그렇다면 예술의 다양한 교육적 효과는 어떤 방식으로 교육 현장에 적용되고 있을까? 예술교육의 다양한 모습을 살펴보자.

다양한 모습의 예술교육

예술을 위한 교육, 예술을 통한 교육

예술교육을 네 가지로 나눠보면 '예술 안의 교육, 예술을 위한 교육, 통합적 예술교육, 예술을 통한 교육'으로 나눈다. 이는 1988년 문화예술 총서에서 처음 소개했다고 하는데, 그 이후로 지금까지도 이 분류에 크게 벗어나지 않고 여러 학자들에 의해 예술교육을 설명하거나 분류할 때 위의 용어

18) 곽덕주, 미적체험 예술교육의 교수-학습적 원리를 위한 소고, 2019.

를 사용한다. 보통 예술 안의 교육과 예술을 위한 교육, 그리고 통합적 예술교육과 예술을 통한 교육을 묶어서 분류하기도 한다.

용어에서도 알 수 있듯이 예술을 위한(for art) 교육과 예술을 통한(through art) 교육은 예술교육의 목적에 차이가 있다. 즉, 예술을 위한 교육은 예술 그 자체에 교육의 목적이 있다면, 예술을 통한 교육은 다른 목적을 이루기 위한 수단이나 방법으로 활용하는 것으로 생각할 수 있다. 다음 표를 보면서 예술을 위한 교육과 예술을 통한 교육의 특징을 비교해보자.[19]

예술을 위한 교육	예술을 통한 교육	비고
- 예술 자체의 전문성을 습득하기 위한 목적적 기능으로서의 예술교육 - 예술 그 자체의 창작과 감상 그리고 기예를 가르치는 행위(협의의 의미)	- 전인교육을 달성하기 위한 도구적, 방법적 기능으로서의 예술교육 - 예술적 정신이나 기법이 활용되는 모든 형태의 교육을 포괄하는 미적체험을 통한 인격 교육(광의의 의미)	문화예술 총서 제9권: 예술교육
- 인간이 가지고 있는 예술적 능력을 개발해 주고 길러주는 교육 - 창조적 가능성을 개발하고 미적 경험을 갖게 하며 예술적 표현과 감상의 즐거움을 알게 하는 교육	- 예술을 가르치는 일을 통해 인간성 전체를 가르치고자 하는 교육, 예술적 감수성(문화적 감수성)을 기르는 것 - 모든 아이들의 창의적 가능성과 예술적 감수성이 자라도록 자극하고 격려하고 도와주는 교육	정갑영, 김세훈, 전성수, 주대창(2000), 초등생 문화예술교육 프로그램 개발

두 교육 중에서 어느 쪽이 더 옳다거나 중요하다고 할 수는 없다. 두 교육 모두 학교예술교육에서 필요하다. 그래서 예술을 위함이나 예술을 통함이 아닌 예술과 교육이 하나가 될 수 있는 예술교육이 되어야 할 것이다. 다만 현재의 교육 현장에서 예술교육이 어떤 형태로 이루어지고 있는지에

대한 면밀한 진단이 필요하다. 개인적으로 우리의 예술교육은 대체적으로 예술을 위한 교육에 좀 더 치중되고 있었던 것은 아닐까 생각한다. 그래서 예술을 통한 교육에 대한 이해와 적용에 대해 보다 고민이 더 필요하다는 생각을 갖고 있다. 이는 2015 교육과정의 철학적 토대가 되고 있는 구성주의와 통합교육이 강조되고 있는 현재의 흐름에서 보면 더 분명해진다.

데이비스의 교육 내 예술

하버드 교육대학원에 '교육 내 예술(arts in education)' 프로그램을 설립한 제시카 호프만 데이비스는 다양한 예술 장르를 포함하는 교과로서의 예술교육(arts education)이라는 용어의 영역을 넓혀 비예술 교과를 포함하는 교육현장 안에서의 예술교육을 의미하는 '교육 내 예술'을 사용하여 아홉 개의 사례를 제시했는데, 그중에서 몇 가지 사례에 대한 생각을 정리 해본다.[20]

예술 기반 교육

예술이 교육과정의 중심이 되어 예술을 탐구하는 과정이 각 교과의 교육과정을 운영하는 것과 같다. 예를 들어 밀레의 '이삭 줍는 여인들'이라는 작품을 살펴보자. 예술 기반 교육에서는 이 작품을 예술 교과 시간뿐만 아니라 여러 교과 혹은 모든 교과에서 다룬다.

---

19) 김은영, 이론과 현장이 살아 있는 문화예술교육, 학이시습, 2014, p47-49의 내용을 표로 정리함.
20) 제시카 호프만 데이비스, 백경미 역, 왜 학교는 예술이 필요한가, 열린책들, 2017, p30-44에 제시된 아홉 개 사례를 필자의 생각과 예시로 다시 정리함.

밀레의 이삭 줍는 여인들 그림

특히 사회나 역사 수업에서는 화가 밀레를 중점적으로 다룬다. 평소 밀레는 농부의 일상과 전원적인 풍경을 사실적으로 묘사하면서 상류층을 비판하는 정치적인 견해를 드러내곤 했다. 그림에 표현된 농촌 노동 계급의 모습과 배경의 세부적인 묘사는 그 당시 사회의 모습과 문제 상황을 탐구해볼 수 있다. 또한, 작품 자체에 활용된 기법을 살피고 비교하다 보면 미술사적으로 역사적인 흐름과 연관 지어볼 수도 있다.

과학 수업에서는 빛의 사용에 관한 탐구를 한다. 실제 내가 적용했던 수업에서 아이들이 작품을 살피다 발견한 것인데, 바로 여인들의 그림자이다. 그림자를 통해 태양의 위치를 탐구하고 하루 중 시간을 유추해볼 수 있다.

무용 수업에서는 신체의 기본적인 움직임을 작품을 통해 관찰한다. 굽

히기와 펴기, 구부리기 등의 움직임을 표현해보며 적용 가능한 여러 상황을 율동 과정으로 표현해볼 수 있다.

이처럼 하나의 예술 작품에 대한 탐구가 여러 교과의 성취기준을 가로질러 심도 있는 탐구와 활동으로 연결되는 것이 예술 기반 교육이다. 최근 핀란드에서는 주제 중심의 교육과정 운영으로 한 학기에 이집트에 대해서만 배운다는 기사를 접한 적이 있다. 이러한 운영 역시 예술 기반 교육과 유사한 형태를 지닌다고 할 수 있다.

예술 통합 교육

처음 예술 통합 교육을 보고 '예술 기반 교육과 무슨 차이일까?'라고 생각했다. 통합 교육 역시 여러 교과를 통해 운영되기 때문이다. 내가 발견한 두 교육의 차이는 예술이 갖는 위치이다. 예술 기반 교육은 예술이 교육의 중심이 되어 예술 자체에 대한 교육이 결국엔 비예술 교과의 내용도 전개되는 것이다. 반면에 예술 통합 교육은 예술이 개념이나 주제를 중심으로 다른 교과와 동등한 역할로서 서로 연합한다.

예를 들어, 사회적 계급이나 불평등에 대한 개념에 대해 학습을 하기 위해서 예술 수업에서는 밀레의 이삭 줍는 여인들을 예로 들 것이다. 석양빛에 의해 강조되고 있는 전면의 세 여인의 모습과 멀리 배경에서 안개가 번지듯 표현된 말을 타고 있는 관리자의 모습을 비교해보면 사회적 거리감이 느껴질 것이다.

그런 반면, 사회 수업에서는 지속적으로 우리 사회에서 이슈가 되고 있는 남녀의 차이와 불평등한 대우에 대해 다양한 사례를 바탕으로 문제를 제기하는 영상을 만들 수 있을 것이다. 혹은 불평등한 사례를 마임으로 표현해볼 수도 있다.

국어 수업에서는 문학 작품을 통해 작품 속 인물의 입장이 되어 작품 속 불평등한 장면을 연극으로 표현해볼 수도 있다.

예술 통합 교육은 개념 혹은 주제에 대한 학습을 위해 각자의 교과에 맞는 역할로서 내용과 방법을 연합하여 운영하는 형태라고 할 수 있겠다.

예술 주입 교육

'주입'이라는 용어가 선뜻 긍정적이지 않아 예술 주입 교육이 예술을 억지로 주입하려는 교육으로 오해할 수도 있다. 여기서 말하는 주입은 그런 의미가 아니라 'infuse'라는 말로 '특정한 특성을 불어넣다, 속속들이 스미다.'라는 뜻이다. 예술을 교육과정에 불어넣고, 속속들이 스미게 하기 위해서 전문적인 예술가나 예술작품을 외부에서 학교 안으로 들어온다는 의미다.

예를 들어, 조선 시대의 궁중 역사를 알기 위해 그 시대에 궁중에서 연주되었던 아악이나 전통문양이 그려진 의복을 가져와 보여줄 수 있다. 혹은 교육 뮤지컬을 운영하기 위해 전문 공연 단체를 초청하여 공연 감상을 할 수도 있다.

예술 확장 교육

예술 확장 교육은 학교 밖의 좀 더 큰 공동체에서 교육 내 예술을 경험하는 것이다. 예를 들어, 정기적으로 지역의 미술관을 견학한다던지, 주민 예술센터를 방문하여 프로그램에 참여하거나 공연장을 찾아 음악 공연을 관람한다. 앞에서 말한 예술 주입 교육과 방향이 전환되는 교육이라고 할 수 있다. 그래서 학교 담장을 넘어 다양한 예술 현장으로 확장되는 예술교육으로 현장의 예술을 경험하고 자연스럽게 그런 장소에서 어떻게 행동해야 하는지 에티켓에 대해 자연스럽게 배울 수도 있을 것이다. 이러한 경험들은 아이들에게 예술 공연의 청중으로, 그리고 문화 기관의 방문자로 참여할 준비를 갖추게 해준다.

예술 전문 교육

예술 전문 교육은 예술 중·고등학교와 같이 예술계열의 특성화 중학교나 특수 목적고를 떠올릴 수 있다. 이곳의 교육과정은 예비 전문 예술가를 양성하는 과정으로 특화되어 있다. 그래서 별도의 선발 기준을 통해 입학을 한다. 다양한 예술 분야의 수준 높은 지식을 제공하고 예술 분야 경력을 쌓을 준비를 도와준다. 이곳에 입학한 학생들은 이곳의 전문 교육을 바탕으로 졸업 후 대학에 입학하거나 관련 예술 분야의 전문 현장을 찾게 된다.

하지만 심심치 않게 예술계열 특성화 학교에 대한 한계를 언급하는 경우가 생기고 있다. 왜냐하면 이곳을 진학한 학생들 모두가 전문 예술가의 길로 나아가면 좋겠지만 사실상 그런 기회가 많지 않기 때문이다. 즉, 진로와 관련하여 현장의 수요나 요구가 학교 교육과정과는 갭이 크다. 또한, 분야에 대한 기술적인 기능 습득에만 집중을 하다 보니 예술을 철학이자 인간 창의성의 원천으로 보는 시각이 흐려지고 있다는 본질적인 물음에 대한 지적이 있다. 이러한 한계에 대해 학교는 변화를 요구받고 있다.

교과 외 예술교육

교과 외 예술교육은 정규 교과 외, 교과 교육과정 밖으로 따로 배정되어 이루어지는 예술교육을 의미한다. 방과 후 예술 관련 프로그램으로 운영되는 바이올린이나 첼로 교실, 캘리그래피, 서예 교실, 학교 특색으로 이루어지는 오케스트라, 뮤지컬, 연극과 같은 것들이 이에 해당한다. 학교교육과정을 살펴보면 학교에서 실천하고 있는 예술교육에 대부분 이러한 교과 외 예술교육 활동들이 많이 나열되어 있다.

이러한 예술교육 활동은 교과 외 시간에 별도로 이뤄지는 까닭에 학생은 추가적인 시간을 할애하여 참여하고, 참여에 필요한 비용은 별도로 부담을 하거나 학교나 교육청, 지역사회의 지원을 받아 이루어진다. 교육현장에서는 익숙하게 볼 수 있는 모습이지만 실제 현장에 대한 교육주체의 관심과 이해는 부족하다.

실제로 정규 교과 외 추가적인 예술교육 활동에서 이루어지는 학습의 양과 질에 대해 관심을 갖는 교사나 관리자는 그리 많지 않다. 또한, 대부분의 학교에서는 오케스트라, 뮤지컬, 연극과 같은 공연예술 활동을 방과후 프로그램 중 하나로 이해하는 경우가 굉장히 많다. 그러나 실제 교육청에서 예산을 지원할 때는 방과후학교 예산으로 편성하여 지원하는 것이 아니라 학교교육과정 내의 예술교육 활동으로 예산을 편성하여 지원한다.

미적교육

미적교육(aesthetic education)을 미술교육의 한 영역으로 생각하는 경우가 많이 있는데 실은 별개의 예술교육이고 모든 예술 장르가 미적교육에 다 포함될 수 있으며 하나의 교육적 방법이 아닌 예술교육의 원리에 가깝다고 할 수 있다. 그리고 내가 이 책을 통해 전달하고 싶은 예술교육의 방향과 실천사례는 모두 미적교육, 또는 미적체험에 대한 연구 과정과 실천이다. 자세한 내용은 3장에서 언급하겠다.

교육현장에서의 예술교육

교육 내 예술 반대론과 현장의 비교

실제로 우리의 교육현장은 예술교육이 어떤 모습으로 이루어지고 있을까? 예술교육이 중요하다고 하는데 실제로는 그만큼의 중요성이 현장에 반영되고 있는지 점검해볼 필요가 있다.

교육 내 예술 반대론의 일곱 가지 주장[21]

1. 예술은 좋지만 필요하지는 않다.
2. 예술 학습은 예술 분야에서 경력을 쌓아 나갈 재능을 가진 학생들에게만 유용하다.
3. 정규 교과 과정에서 예술을 포함할 시간은 없다. 더 중요한 교과들을 가르칠 시간도 모자란다.
4. 예술에서의 성취도는 측정될 수 없다. 표준 학력고사가 만연한 이 시대에, 우리는 객관적인 방법으로 학생들의 진척 상황을 평가할 수 있어야 한다.
5. 질 높은 수업을 위해서, 예술은 예술가, 혹은 예술학 분야에 경력이나 기술을 가진 전문인이 필요하다.
6. 예술은 특별한 준비물, 전문가와 초빙 예술가 급여, 그리고 현장 답사, 공연과 쇼를 진행하고 관리하는데 들어가는 시간 등을 필요로 한다. 예술은 비용이 많이 든다.
7. 학교에서 가르치지 않더라도 예술은 지역 사회에서 살아남을 것이다.

---

21) 세시카 호프민 데이비스, 백경미 역, 왜 학교는 예술이 필요한가, 열린책들, 2017, p45.

'학교에서 예술교육을 반대하는 교사가 설마 있겠어?'라고 생각할 것이다. 그렇다. 예술교육을 반대하는 교육자는 없을 것이다. 그런데, 반대론의 일곱 가지 주장을 '학교에서 예술교육을 실천하기 어려운 일곱 가지 이유'라고 제목을 바꾼다면 어떨까? 난 위의 일곱 가지 주장이 현장에서 한 번쯤은 떠올리거나 경험할 수 있는 주장이라 생각한다.

예술이 좋다는 것은 알지만 공부를 하는 데 도움이 되는 범위까지라고 생각하는 사람에게 예술은 필수적인 것이 아니다. 있으면 해도 좋지만 예술교육이 주목적이 되지 못한다.

교육과정을 운영할 때에도 교과의 시수를 정하거나 증감할 때, 흔히 말하는 주지 교과를 우선 정하게 된다. 음악이나 미술 교과의 경우에는 주지 교과의 증감에 따라 시수가 정해질 때가 많다.

관리자의 경우에 학교 특색 교육으로 오케스트라나 연극, 뮤지컬 같은 사업을 신청해서 운영하는 경우가 많다. 활발히 알차게 운영하는 경우도 있겠지만 상당수의 학교가 관련 분야의 경험이 없는 교사가 담당을 맡고 있다. 예산과 관련하여 예술가에게 주는 수당이나 공연을 위한 예산 지출에 대해 인색한 경우가 많다. 예산 지원이 충분하지 않기 때문일 수 있지만, 예술 활동을 위한 세심한 예산편성도 부족할뿐더러, 다른 예산 활용을 위한 수단으로 생각하는 경우도 있다.

그리고 가장 많이 느끼는 편견은 예술교육은 재능이 있는 특별한 교사만이 할 수 있다는 인식이다.

'예술은 좋아하지만 예술 분야에 대해 경험도 없어서 내가 예술교육을 한다는 것은 무리야.'

'이번에 교과 전담을 맡게 되었는데 선생님들이 음악 교과를 맡아달라고

해서 너무 난감해. 난 피아노도 못치고 노래도 못 부르는데 어떻게 해야 할 지 모르겠어.'

어쩌면 교사로서 가지는 불편한 진실일 수 있지만 예술교육을 연구하는 나로서는 안타까움이 큰 지점이다. 이처럼 예술교육에 대해 진입장벽이 크다는 인식은 실제 현장에서 예술교육이 활성화되는데 어려움으로 작용하고 있다.

예술교육과정은 없다.

교육과정을 살펴보면 '예술'이라는 교과가 있을까? 있다! 그런데, 다른 교과와 달리 둘로 쪼개져 있다. 음악과 미술. 이 둘의 교과를 합쳐서 예술 교과라고 부른다. 실제 예술 교과가 아닌 음악과 미술이라는 각 교과를 묶어 부르는 용어에 불과하다. 예술이라는 장르에 음악과 미술만이 있는 것도 아니고 음악과 미술의 합이 예술이 되지도 않는다. 물론 기존의 음악과 미술 교과를 예술교육의 기본 교육체제로 두고 운영되어 왔기 때문에 자연스러운 모습일지도 모르겠다. 그전에는 예체능 교과목에서 예능 교과목으로 분류되다가 예술이라는 용어가 들어와 불리게 된 지도 그리 오래된 일은 아니니까 말이다.

그런데 우리의 교육은 교육과정을 운영하는 것이다. 교육과정을 기준으로 교육의 범위가 정해진다고 할 수 있다. 이런 점에서 볼 때, 음악과 미술을 합해서 부르는 예술 교과가 과연 예술교육을 교육과정에 온전히 담고 있다고 볼 수 있을지 의문이다. 음악이나 미술을 중심으로 얼마든지 예술교육은 이루어질 수 있다고 말할 수도 있겠지만 그것만으로는 충분하지 않다. 음악 교육과정과 미술 교육과정은 별개의 교육과정이다. 각각의 교육과정이 있을 뿐, 예술 교과도 예술교육과정도 없다. 여전히 예능과목의 다른 이름일 뿐이다.

초등학교 1,2학년에는 통합교과가 있고 봄, 여름, 가을, 겨울이라는 큰 주제 아래 즐거운 생활, 바른 생활, 슬기로운 생활이 통합되어 교육과정이 운영된다. 세 영역이 구분되어 나열되어 있지만 주제를 중심으로 구성되어 있다.

예술 교과도 이럴 수 있지 않을까? 예술교육의 주제나 목적, 혹은 역량을 중심으로 다양한 예술 장르의 요소가 통합되어 성취기준이 만들어지고 교육과정이 구성되는 예술 교과가 생겨날 수는 없는 걸까?

예술교육이 달라지다!

유네스코 예술교육 로드맵(2006), 그리고 서울 선언(2010)

2006년 포르투갈 리스본에서 열린 제1차 세계문화예술교육대회에서 세계예술교육을 위한 '예술교육 로드맵'이 채택되어 선언되었다. 세계예술교육선언으로 채택된 로드맵은 유네스코 전 회원국에 전달되어 교육 지침으로 활용된다. 이때 선언된 로드맵에는 예술교육의 중요성과 필요성, 예술교육의 역할 등 많은 내용이 담겨있는데 그중에서 다음 부분을 살펴보자.

> 1. 교육과 문화적 참여를 위한 인권 옹호
> 세계인권 선언과 아동 권리에 대한 유엔 협약은 모든 아동과 어른들이 문화적·예술적 삶에 참여함으로써 조화롭게 인격을 발달시킬 수 있는 기회와 교육받을 수 있는 권리를 보장하는 것을 목적으로 한다. 모든 국가에서 예술교육을 강조하고 교육 프로그램을 의무화하는 근본적인 이유는 이러한 권리들로부터 유래한다.

문화와 예술은 개인의 성숙을 위한 종합적인 교육의 핵심 구성요소이다.

따라서, 예술교육은 교육으로부터 배제된 많은 이들, 예를 들어 이민자들, 문화적 소수자들, 장애인들을 포함한 모든 학습자를 위한 보편적 인권이다.

세계 인권 선언

27조 '모든 사람은 공동체의 문화적 삶에 자유롭게 참여할 수 있고, 예술을 즐기고, 과학의 발전으로 인한 혜택을 공유할 권리를 지닌다. '

아동 권리 협약

29조 '아동의 교육은 ... (a) 인격, 재능, 그리고 충만한 잠재력을 위한 정신적·육체적 능력의 발달을 목적으로 해야 한다. .. '

31조 '국가 기구들은 문화적·예술적 삶에 충만하게 참여할 수 있는 아동의 권리를 존중하고 향상시켜야 하며 문화적, 예술적, 오락적, 여가적 삶을 위한 적절하고 평등한 기회를 제공해야 한다.'

위의 내용 중에서 다음 부분을 정리하면,

- 모든 아동과 어른들이 문화적·예술적 삶에 참여함으로써 조화롭게 인격을 발달시킬 수 있는 기회와 교육받을 수 있는 권리를 보장하는 것을 목적으로 한다.
- 예술교육은 교육으로부터 배제된 많은 이들, 예를 들어 이민자들, 문화적 소수자들, 장애인들을 포함한 모든 학습자를 위한 보편적 인권이다.
- 모든 사람은 공동체의 문화적 삶에 자유롭게 참여할 수 있고, 예술을 즐기고, 과학의 발전으로 인한 혜택을 공유할 권리를 지닌다.
- 국가 기구들은 문화적·예술적 삶에 충만하게 참여할 수 있는 아동의 권리를 존중하고 향상시켜야 하며 문화적, 예술적, 오락적, 여가적 삶을 위한 적절하고 평등한 기회를 제공해야 한다

공통적으로 찾을 수 있는 키워드가 '예술'과 '인권'이다.

'예술은 보편적인 인권이다.'

모든 사람들은 교육과 문화, 예술 생활에서 참여를 보장받아야 하며, 예술을 교육받고, 예술을 즐기며, 예술에 온전히 참여하는데 누구나 동등한 기회를 제공받아야 한다.

이 선언 이후 학교 예술교육은 '모두를 위한 예술교육(arts education for all)'이라는 보편교육의 슬로건 아래 전 세계적으로 강조되고 있으며, 그 흐름은 현재까지도 지속적으로 확장되고 있다. 핀란드에서 크게 와닿았던 '모든 아이들은 일상에서 예술을 즐기고 누릴 권리가 있다.'라는 말 역시 이러한 흐름에서 나온 말일 것이다.

2006년의 선언 이후 2010년 서울에서 '예술은 사회성을, 교육은 창의성

을'이라는 표를 내건 제2차 세계 문화예술교육대회가 열렸다. 이 자리에서 '유네스코 예술교육 로드맵'을 토대로 지속 가능한 문화예술교육 분야의 발전을 위한 실천 전략을 담은 '서울 선언'이 채택된다. 이 선언에서 '예술교육의 보편적 접근성, 질적 향상성, 사회적 가치 확산성'이라는 3개의 실천목표와 13개의 전략이 선언되는데 세계 예술교육의 흐름에서 우리나라가 주최가 되어 주도적으로 선언을 이끈 멋진 순간이라고 할 수 있겠다.

'서울 선언: 예술교육 발전 목표' 중에서

목표 1. 심도 있는 교육 활성화를 위한 근본적, 지속적 요소로서 예술교육의 접근성을
　　　확보하도록 한다.
전략 1. a 어린이와 청소년의 조화로운 창의적 인지적 감성적 미적 사회적 발달의 근간
　　　으로서 예술교육을 주창한다.
　　　　　-1. a (i) 광범위한 교육의 일환으로서 모든 수준의 학교교육에서 학습자
　　　　　　　들에게 모든 예술 분야에서의 포괄적 학습이 가능하도록 접근성을 보
　　　　　　　장하여야 한다.
　　　　　-1. a (ii) 지역공동체 내의 모든 예술분야에서 어린이와 청소년을 위한 학
　　　　　　　교 밖 예술교육 경험에의 접근성을 보장하여야 한다.
　　　　　-1. a (iii) 예술교육에 대한 그러한 접근성 보장이 지속 가능하도록 하여야
　　　　　　　한다.
　　　　　-1. a (iv) 학교 안과 학교 밖 모두에서 어린이와 청소년들에게 범 학문적
　　　　　　　예술 경험에의 접근성을 확보하도록 한다.
　　　　　-1. a (v) 교육과정 설계와 교육적 실천 면에서 창의적이고 질 높은 예술 경
　　　　　　　험을 포함시켜야 한다
　　　　　-1. a (vi) 예술교육에서 학습자의 원숙한 발달을 보장하기 위해 양질의 평
　　　　　　　가 시스템을 개발하여야 한다.
전략 1. c 예술교육을 통해 정규 비정규 교육시스템 및 구조의 재구축을 촉진한다.
　　　　　-1. c (i) 다른 학문분야에서 활용될 수 있도록 창의적이고 혁신적인 과정
　　　　　　　의 교육 적 모델로서 예술을 적용하도록 한다.
　　　　　- 1.c (ii) 예술교육을 통하여 교사와 학교 행정가들 간에 창의적 문화를 촉

진하도록 한다.
- 1.c (iii) 학습자들의 다양성을 적극 포용할 수 있는 혁신적인 교수법을 도입하여 예술교육에 적용하도록 한다.

목표 2. 예술교육 활동과 프로그램은 그 착상과 전달 면에서 양질의 수준을 유지하도록 한다.
전략 2. a 학교 밖의 교육 프로그램에서 예술가와 교육가 간의 협력을 촉진한다.
- 2.a (i) 자기표현 수단, 지식의 통로, 학문 완성의 길 등과 같은 예술교육의 여러 상이한 기능들을 인식하도록 촉구하여야 한다.
- 2.a (ii) 교육과정을 전달함에 있어 예술가와 교사 간의 파트너십을 시작하도록 학교 당국을 독려하여야 한다.
- 2.a (iii) 학교 활동과 관련된 지역공동체에서 예술가들의 협력을 통해 예술교육을 위한 방법과 시설들을 개발하여야 한다.
- 2.a (iv) 예술교육을 지원함에 있어 학부모와 지역사회를 적극적으로 관여시켜야 한다.
전략 2. b 교육자, 예술가, 지역사회를 대상으로 한 지속적인 예술교육 훈련이 이뤄지도록 보장한다.
- 2.b (i) 예술 교사와 교육에 참여하는 예술가들을 위한 지속적인 훈련 메커니즘을 구축하여야 한다.
- 2.b (ii) 예술적 원리와 실천을 교사 양성교육과 교사 재교육 속에 통합하여야 한다.
- 2.b (iii) 감독과 멘토링과 같은 양질의 모니터링 과정을 개발함으로써 예술적 원리와 실천의 집행을 보장하여야 한다.

목표 3. 오늘날 세계가 직면한 사회적, 문화적 도전 과제를 해결해 나가는데 기여할 수 있도록 예술교육의 원리와 실천을 적용한다.
전략 3. a 사회 전반의 창의적 혁신적 역량 강화를 위해 예술교육을 적용한다.
- 3.a (i) 예술교육의 적용을 통해 창의적·혁신적 시민과 노동자의 새로운 생성을 촉진하여야 한다.
- 3.a (ii) 학교 내 예술교육을 통해 다른 교과목으로 전이될 수 있는 창의적·혁신적 역량을 촉진할 수 있는 전략을 개발하도록 하여야 한다.
- 3.a (iii) 학교 밖 예술교육을 통해 지역사회 내에서 창의적·혁신적 실천을 촉진할 수 있는 전략을 개발하도록 하여야 한다.

그 뒤 2011년에는 제36차 유네스코 총회에서는 한국 정부의 주도로 발의된 의제 '서울 어젠다: 예술교육 발전 목표'의 실행 결의안을 193개 회원국의 만장일치로 채택하였다. 양질의 문화예술교육 중요성에 대한 인식 제고를 위해 '서울 어젠다'가 채택된 5월 28일을 기념하여 매년 5월 넷째 주를 '세계문화예술교육주간'으로 선포했다. 세계문화예술교육주간은 지금까지 매년 행해지고 있다.

이러한 모습은 우리나라가 세계 예술교육의 흐름을 주도적으로 이끌어 가려는 노력의 결과이다. 다만, 이런 선언과 실천 전략들이 얼마나 교육 현장까지 연결될 수 있는지가 중요하다. 그러기 위해서는 즉각적인 정책의 반영과 관계 기관 및 관련 분야의 교수, 교육자들의 연구와 실천이 필요하다. 특히 정책 추진과 연구자들의 현장을 향한 실천이 무엇보다 필수적이다. 그런 점에서 본다면 여러 해가 지난 지금도 큰 체감을 느끼기 어렵다는 아쉬움이 크다. 다만 늦은 감이 있지만 2018년에 발표된 교육부의 학교 예술교육 중장기 계획에서 실천의 노력이 보이고 있다는 점이 다행스럽다.

학교예술교육 중장기 계획

2018년 교육부는 '예술이 살아있는 교육, 예술로 행복한 학생 학교 예술교육 중장기 계획'을 발표한다. 이 계획에는 중장기 계획을 추진하게 된 배경, 그동안의 예술교육 정책의 성과와 한계, 정책의 발전방향과 현장의 의견수렴 결과를 바탕으로 앞으로의 비전과 추진전략을 세부적인 과제와 함께 제시했다.

예술감수성으로
공감하고 소통하는
행복한 시민

학교-지역 협력을 통한 모든 학생들의 예술체험 생활화로
보편교육으로서의 학교예술교육 강화

학교 교육과정에서 교원과 학교의 예술교육 역량 강화

- 질 높은 예술수업 구현을 위한 교육과정 운영 지원
- 교원의 학교예술교육 역량강화 지원
- 학교예술교육 모니터링 지원 내실화

학생의 예술교육 기회 확대

- 학생 개별 요구에 따른예술교육 지원
- 학생의 예술심화교육 및 예술영재 관리 지원
- 문화소외계층 학생에 대한 예술교육 지원

예술활동을 위한 지역협력 네트워크 조성

- 학교 밖 자원의 유기적 연계 및 활용
- 학생 및 학교 중심의 외부 인적자원활용
- 지역연계 학교예술교육 프로그램의 다양화

지속가능한 학교예술교육 지원체계 구축

- (가칭)학교예술교육진흥법 제정
- 교육청의 학교예술교육 지원체계 정비
- 유관기관과의 정책 공조

먼저 정책의 한계로 정책의 일관성 부족, 교육적 관점의 부족, 지속성 차원의 한계 세 가지를 제시했는데, 구체적으로 살펴보면 다음과 같다.

정책의 일관성 부족	기존의 학교 예술교육 지원 사업은 각 목표와 학교 예술교육 정책 전체 목표와의 연결성 미흡 -관련 정책의 계획, 수향, 평가 전 과정에서 일관된 정책 수행을 위한 학교 예술교육의 근본적 목표 설정 미흡
교육적 관점이 부족	양적 확대 또는 예산 확보를 위한 사업 수행 자체에 초점이 맞춰져 있어 교육과정과의 연결성 부족 - 유관 부처 및 기관에서 관련 정책에 대한 평가 시 교육적 피드백 보다 행정적 차원의 양적 성과 파악에 국한
지속성 차원의 부족	중앙으로부터의 양적 보급 및 예산 지원에 의존하는 경향으로 교육의 연속성 부족 - 잦은 행정 환경 변화 및 관리자의 열의, 재정, 지원, 담당교사의 열정에만 의존하는 구조적 한계로 지속 가능한 학교 예술교육의 한계

세 가지 정책적 한계를 보니, 앞서 언급했던 실제 교육현장에서 예술교육을 실행하기 어려운 이유와 연결되는 부분을 찾을 수 있다. 현장의 의견수렴도 정책적 한계로 인해 요구되는 사항이 결과로 나타났다.

정규교육과정 중심의 예술교육 강화	예술 교과 교사 재교육 등의 역량 제고를 통한 수업혁신 지원 강화
모든 학생을 위한 정책 추진 필요	학교급별 또는 학생 개개인의 특성을 고려한 학교 예술교육 지원 정책 모색 필요
지역사회 연계를 통한 유연한 학교문화 조성	교육청 및 학교가 자생력을 갖고 예술교육을 추진할 수 있도록 제반 환경 개선 필요
지속 가능한 지원 체제 구축 필요	정책의 안정적, 지속적 지원을 위한 관련 법령 제정 등의 제도적 장치 마련 필요

각 결과에 대한 현장의 주요 의견 중에서 눈여겨볼 만한 의견들이 있는데,

- 예술교육을 보편교육으로 자리매김하기 위해서 시수 증배 필요
- 교육과정에 기반 한 예술교육 활성화 정책 중요
- 교육의 주체는 교사이며 예술강사는 지원 역할, 예술강사는 수업 협력자(보조자)로서 상생 관계 필요
- 교과교육 내실화는 교사의 역량 강화를 통해 가능
- 교사가 주도할 수 있는 제도적 정책적 지원 중요

위의 의견들을 보면 보편교육으로서의 예술교육은 교육과정에 기반을 두어야 하며 그 주체는 교사가 되어야 한다는 것을 잘 말해주고 있다. 그러기 위한 교사의 역량 강화가 지속적으로 확대되어야 하며 이를 위한 제도적, 정책적 지원이 필요하다는 것을 보여준다. 더 이상 예산 중심의 사업 운영이 아닌 교사 중심의 정책 실천으로 모든 교사들이 교실에서 아이들과 함께 예술을 누리고 나눌 수 있도록 최대한의 지원이 절실하다.

내가 바라는 예술교육(2)

한 마디로 말한다면,

'모두를 위한 예술교육'

모든 아이들, 모든 교사들을 위한 예술교육을 바란다. 아이들은 예술을 누릴 권리가 있다는 선언 위에서, 교사들은 아이들과 예술을 나눌 충분한 역량을 가지고 있다는 믿음 위에서, 지식이 아닌 경험과 체험을 통해 함께 예술을 느끼고 감각하며 표현하길 바란다. 이러한 과정은 한 쪽에서 일방적으로 전달하는 과정이 아니라 체험의 과정 속에서 아이들과 교사 모두가 서로 소통하고 공감하는 과정이 되어야 할 것이다. 함께 경험하는 예술이 되어야 할 것이다.

예술이 교육이다 유럽에서 만난 예술교육(2017)의 여는 글에서 서울문화재단 임미혜팀장이 했던 말이 떠오른다.

"우리는 흔히 예술을 '일상적이지 않은 특별한 경험'이라고 생각한다.
그래서 예술교육을 지원하는 정책도 그 경험을 양적으로 늘리는 것에
집중한다. 하지만 아난딸로에서 만났던 예술가 교사와 예술행정가,
심지어 수업에 참여하는 아이들의 태도까지. 그들이 한결같이 이야기하고
있었던 것은 바로 '인간다운 삶을 위한 교육으로써 일상적인 특별한

예술 경험'이었다. 예술교육이 교과에 지친 머리를 식혀주는 시간이거나

학습을 돕는 보조 활동으로 활용되는 것이 아닌, 그 자체로 가장 중요하고

필수적인 교육으로서 존중받고 있었다."

이러한 예술교육이 실현되기 위해서는 무엇보다 예술교육의 정책 방향이 명확해야 할 것이다. 그 정책이 교육 현장까지 충분히 전달될 수 있게 하기 위한 다양한 교육주체들의 실천이 필요하다.

우선 교육부와 각 시도 교육청은 현재 제시된 중장기 계획에 대한 충분한 협의와 공감대가 형성되어야 할 것이다. 그것을 바탕으로 각 시도의 여건에 맞는 세부 정책을 구성해야 한다. 각급 학교에 정책의 방향을 전달할 수 있는 다양한 실천 과제를 고민해야 한다.

그런데 그러한 정책의 실천이 전혀 새로운 것은 아니다. 우리는 매년 교육청이나 연수원 주관으로 많은 역량 강화 연수를 진행한다. 연수 인원이나 규모, 예산과 같은 것은 부수적인 것이다. 중요한 것은 연수 과정을 통해 교사의 어떤 역량을 강화시켜줄 수 있는지에 대한 장학사의 고민이 필요하다. 담당 장학사 스스로 예술교육에 대한 방향과 정책을 이해하고 먼저 역량을 키우기 위한 노력이 필요하다. 정책의 추진자로서 기본적인 준비일 것이다. 그리고 교사로서는 쉽게 파악하기 어려운 다양한 예술기관이나 단체, 예술 현장의 예술가들, 타시도의 여러 정책 사례, 더 나아가 세계 여러 나라의 정책 방향을 연구하고 고민해야 한다.

난 이러한 역할을 하는 것이 교육정책을 추진하는 교육전문직으로서의 역할이라고 생각한다. 나의 생각이 어쩌면 현장의 상황을 모른다고 할 수도 있다. 실제로 현재 교육청에 파견을 나와 근무하는 상황에서 교육청의

현장을 경험해보면 다른 많은 행정 업무로 인하여 그러한 역할이 쉽지 않다는 것도 잘 알고 있다. 그렇지만 우리가 장학사, 연구사, 장학관과 같은 직위를 교육전문직이라고 부르는 의미를 생각해본다면 그 역할에 대해 고민할 필요가 있다. 서두에서 말한 것처럼 교육주체로서 노력해야 할 실천이라고 생각한다.

길어진 코로나19 상황에서 비대면 수업에 활용할 수 있는 양질의 콘텐츠를 교사와 협력하여 개발하고 각급 학교에 보급하는 과정, 예술교육과 전문성을 가진 다양한 교사들로 연구단을 구성하여 수업에서 활용할 수 있는 수업과정을 개발, 적용하고 그러한 과정을 연수 과정으로 만들어 다른 교사들에게 확산될 수 있는 선순환 구조를 만드는 것, 체험 중심으로 교사들이 실제 수업에서 적용할 수 있는 다양한 예술교육 프로그램을 구성하여 주기적으로 연수를 제공하는 것 등 모두가 실천을 위한 노력이다.

그러나 가장 바라는 것은 바로 수업에서 교사의 변화일 것이다. 많은 교사들이 갖고 있는 예술교육에 대한 진입장벽을 허물고 교사 스스로가 예술을 즐기면서 아이들과 함께 예술을 경험하길 바란다. 그러기 위해서 교사 스스로의 노력도 필요하겠지만 충분한 지원도 필요하다고 생각한다. 예술교육을 실천하는 목적은 무엇인지, 예술교육을 통해서 바라는 것은 무엇인지, 수업에서 무엇을 실천해야 하는지, 기능이나 능력이 없더라도 아이들과 예술을 느낄 수 있는 방법은 무엇인지 등 혼자서는 스스로 답하기 어려운 질문들에 대해 함께 고민하고 이야기해 줄 수 있는 지원이 필요하다. 그러한 지원은 연수가 될 수도 있고 전문적 학습공동체와 같은 연구모임이 될 수도 있고, 수업 나눔이나 협의회가 될 수도 있다. 그리고 도서나 논문, 연구 자료와 같은 다양한 사례가 될 수도 있다. 교사는 이러한 지원에 적극적으로 참여하는 시도를 통해서 조금씩 변화하고 실천하는 모습을 발견해야 할 것이다.

그러한 변화를 바라는 마음으로 '예술로 꿈꾸는 마을(Society Dreaming with Art)'이라는 연구모임을 만들어 운영하고 있다. 예전부터 늘 바라던 모임이었지만 쉽게 만들어지지는 않았다. 지금도 소수의 인원으로 운영을 하고 있지만 그래도 함께 예술교육에 대해 생각을 나누고 이야기할 수 있는 자리가 있다는 것만으로도 큰 보람이 된다. 사실 이러한 예술교육을 위한 연구모임이 우리 주변에 찾아보면 많이 있다. 뮤지컬이나 연극, 그림책과 같이 예술 장르별로 운영하는 모임에서부터 발도로프나 듀이와 같은 예술철학을 공부하거나 실천하는 연구모임까지 다양한 모임들이 있다. 이러한 연구모임들이 많이 확산되어 누구나 하나씩 일상에서 예술을 향유하고 이야기 나눌 수 있는 모임을 가졌으면 좋겠다. 그래서 그러한 만남과 나눔의 경험들이 자연스럽게 교실로 스며들었으면 좋겠다.

다음 장에서 이야기할 내용은 그동안 내가 관심을 갖고 공부해 온 미적 체험 예술교육(Asethetic education)에 대한 내용과 수업에서 실천했던 사례들을 소개하려고 한다. 실천하는 교사가 누구인지, 함께하는 아이들이 누구인지에 따라 수업은 달라진다. 따라서 소개한 사례들을 자신에게 익숙한 방법으로 바꿔도 좋을 것이다. 또는, 아이들에 익숙한 자료로 바꾸거나 내용을 변화시킬 수도 있다. 어떤 방법으로든 자신만의 예술 수업으로 만들어 아이들과 함께 예술을 즐기는데 도움이 되었으면 좋겠다.

3장

예술교육을
실천하다!

미적체험을 만나다

미적체험에 대한 다양한 견해

데이비스는 "예술을 학생들의 사고와 생활의 모든 측면을 풍요롭게 하는, 의미를 만들고 평가하는 특별한 교육의 장으로 간주한다. 이러한 특별한 철학적 관점에서, 학생들은 예술 작품을 숙고하면서 특별한 분석적 사고 기술들과 인간 경험을 교묘히 투영하는 풍부한 미적 텍스트(책, 시, 영화, 악곡 등)에 익숙해진다."[22] 라고 표현했다.

맥신 그린은 "미적교육은 다양한 예술에 대한 좀 더 분별력 있는 감상과 이해를 돕는 교육이다. 미적교육의 최우선적인 관심사는 학생들 안에 있는 보다 활발한 감수성과 인지를 개발하는 방법을 모색하는 것이다. 이를 위해 '음악과 함께 산다는 것은, 더욱이 어떤 회화 작품 속에서 산다는 것은 어떤 느낌인지, 거대한 조각 작품 주위를 돌아보고 비집고 들어가거나 시와 함께 머무는 것이 어떤 느낌인지'(Reid, 1969, p302) 학생들이 접하도록 도와주어야 하는 것이 미적교육의 출발점이며 예술이란 과연 무엇이며 어떠한 의미를 지니는지를 내면 깊은 곳에서부터 감지하는 능력을 기르는 활동이다."라고 언급했다. 그러면서 "미적체험은 단순히 박자에 대한 느낌, 자극, 반응만의 문제가 아니다. 물론 음악, 연극, 무용 작품이 무엇에 대한 것인지 이해하려면 어떤 형태와 기법에 대해 알아야 하기는 하지만, 우리는 작품에 대한 보다 깊은 이해가 작품 감상의 즐거움을 배가하고 소중한 작품의 범주를 확대시킬 것이다."[23]라며 미적체험의 의미를 이어갔다. 즉, 미적체험은 쉽게 알아차리지 못하는 많은 것들에 대한 깨달음을 얻는 기초가 되어준다. 그래서 미적교육을 통해 얻게 되는 심미적 감성이란 것도 '예술의 속마음을 알아차리게 도와주는 능력'이라고 할 수 있다.

곽덕주 교수는 "미적체험은 예술작품의 예술적 요소를 직접 체험하고 창작과 감상을 모두 포괄하는 활동 중심의 예술교육 접근이며, 예술작품, 예술 요소를 매개로 자기 자신을 만나고 자신의 존재감을 느끼게 하는 것을 목적으로 한다. 그래서 미적체험은 예술작품, 예술 장르의 요소를 인식하는 것을 시작으로 새로운 것을 수용하고 경험할 때 삶의 실천적 이슈를 다양하게 바라보고 새로운 것을 상상하는 것이다."[24]라고 표현했다.

백령 교수도 "맥신 그린은 예술작품에 대한 탐구와 적극적 참여를 통해 작품을 바라보는 의식적 행동에 주의를 기울이며, 본인이 무엇을 발견하고 궁금해하고 알아가고 있는가에 대해 관심을 가질 것을 촉구했다. 이는 작가의 의도나 관점에서 작품을 이해하는 것이 아니라 작품을 바라보고 있

---

22) 제시카 호프만 데이비스, 백경미 역, 왜 학교는 예술이 필요한가, 열린책들, 2017, p39-40.
23) 맥신 그린, 문승호 역, 블루기타 변주곡, 다빈치, 2011, p31-35의 내용을 정리함.
24) 곽덕주, 맥신 그리의 미적체험 예술교육 접근의 인문교육적 가치, 교육철학연구, 2018 .

는 자의 관점과 입장에서 의미를 부여하는 것을 뜻한다. 이러한 경험 속에서 발생하는 인식의 '널리-깨어 있음(wide-awakening)'은 새로운 것을 탐구하고 상상하며 눈에 보이지 않는 행간이나 여백 속에 숨겨진 이야기를 생각할 수 있는 기회를 제공한다. 이런 맥락에서 미적교육에서 중요한 것은 개별의 경험에서 발견한 것을 공유하고 다른 사람의 경험을 이해하는 공감대를 형성하는 것이다. 공감대 형성을 통해 다른 이의 기쁨, 아픔, 슬픔 등을 이해하고 다른 사람의 입장에서 상황을 바라보고 상상할 수 있는 것을 인간 고유의 특성으로 규정하고 있다."라며 미적체험의 의미와 목적을 함께 언급했다.

미적체험의 이해와 실천

위에서 살펴본 것처럼 미적체험은 특정 예술 장르에 해당되거나 예술교육의 한 가지 방법으로서 작용되는 것은 아니다. 방법이나 기법이기보다는 예술이란 무엇이고 예술을 통해 무엇을 할 수 있는지 알아가고 체험하는 원리와 과정을 의미한다. 그러한 과정을 통해 '예술의 속마음을 알아차리는 것'처럼 예술에 대해 깊이 이해하고 자가 자신을 발견하게 되는 경험을 의미한다. 그리고 이러한 경험은 자신에만 그치는 것이 아니라 공유의 과정을 통해 다른 사람, 주변, 넓게는 사회에 대해 공감하는 것으로 발전하게 된다. 이것이 맥신 그린이 말한 '널리-깨어있음(wide-awakening)'이다.

이런 점에서 곽덕주 교수는 '미적체험은 예술을 세계나 사물과 만나고 교제하는 경험과 활동의 특별한 방식'이라고 봤으며, '세계나 사물에 대한 우리 자신의 특별하고도 내밀한 감각적 그리고 정서적 경험을 다른 사람들과 공유하고 소통하기 위해 그들이 느끼고 지각하며 눈치챌 수 있도록 모종의 상징적 형식으로 표현하며 소통하는 활동'이라고 언급했다.[25]

다소 한 번에 이해되기 어려운 미적체험의 의미를 수업에 적용하기 위해서 다음과 같이 크게 세 가지 틀로 나누어 실천과정을 표현해보았다.

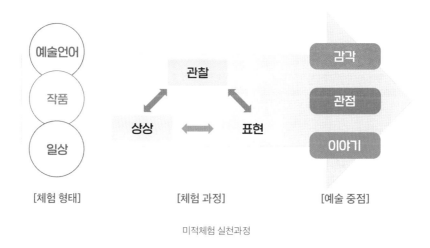

미적체험 실천과정

첫 번째는 체험의 형태로서 '예술언어, 작품, 일상'이 있다. 이 세 가지를 통해 예술과 만나게 된다.

25) 싹넉수, 학교예술교육은 왜 필요한가, 교육정책포림 교육시론, 교육징책네드워크 정보센디, 2019, p3.

예술언어

예술언어는 예술 장르의 재료(예술 재료), 재료를 조직하는 원리인 예술 요소를 포괄하는 말이다. 그래서 예술 재료와 예술 요소에 대한 예시를 바탕으로 예술언어의 의미를 짐작해보자.

예술 재료는 예술 장르에서 사용되는 표현의 수단, 도구이다. 음악에서는 소리, 미술은 색 또는 시각, 무용은 몸, 움직임 등이 예술 재료라 할 수 있다. 우리가 시나 글을 쓸 때 언어를 통해 표현하는 것과 비슷하다. 음악은 소리, 음(音)의 연결이다. 그 소리의 연결을 통해 예술가가 표현하고자 하는 의미나 느낌을 전달한다. 음표나 악보는 다른 사람들이 알아볼 수 있게 만든 2차적인 수단이다.

예술 요소는 예술 재료를 조직하는 원리인데, 수잔 랭어에 따르면 예술 요소는 예술 표현을 살아있게 하는 것이라고 한다. 우리가 그림을 그릴 때 무엇인가를 표현하기 위해 색이나 선, 면 등과 같은 예술 재료를 활용한다. 이때 이러한 예술 재료를 어떤 방식으로 조직하여 표현할 것인지가 예술 요소이다. 무용에서 '걷기, 멈추기'는 움직임의 예술 재료이다. 예술가는 이 두 가지 움직임을 활용하여 여러 가지 방식으로 조직하여 표현을 할 수 있다. 예를 들어, 걷기와 멈추기를 주기적으로 반복하여 표현할 수 있고, 걷기의 보폭이나 방향을 다르게 하여 표현할 수 있다. 움직임의 구성을 어떻게 조직해서 표현하느냐에 따라 전달하는 것은 달라지고 그에 따라 느껴지는 것도 달라진다. 수잔 랭어는 예술 요소로서 형상, 동작, 색조, 혹은 긴장과 완화 같은 것을 강조했고 휴지, 비움, 시작과 끝, 반복, 반복과 정지의 순환, 유기적 관련성 같은 것들이 더 있으며, 이것은 특정한 장르에서만 적용되는 것이 아니라 모든 예술에 적용되는 언어라고 했다.

'리듬'을 생각할 때, 리듬은 음악이나 무용, 연극 등 모든 예술에 포함되어 있는데 이러한 리듬은 결국 일정한 패턴의 반복이다. 음의 길고 짧음의 일정한 반복이 리듬을 만들고, 걷고 멈추는 동작을 연속적인 선상에서 반복하다 보면 일정한 패턴의 리듬이 만들어진다. 그러한 리듬의 원리를 수업에서 의식적으로 적용하게 되면 수잔 랭어의 표현처럼 생동감 넘치고 살아있는 표현을 발견하게 된다.

또한, 예술 재료와 관련하여 곽덕주 교수는 아이들이 예술을 체험하고 표현하는 과정에서 먼저 예술 재료에 익숙해지는 경험이 굉장히 중요하다고 말한다. 자신의 감정과 정서를 표현할 때 표현의 매개체가 되는 것은 결국 예술 재료이기 때문에 재료가 갖는 속성에 충분히 익숙해지는 과정이 필요하다.

예를 들어, 보고 그리기 활동을 하는데, 바로 사물이나 그림을 따라 그리기 전에 선에 대해 친해지는 과정을 갖는다. '가는 선, 굵은 선, 연한 선, 진한 선, 반듯한 선, 휘어진 선, 빠르게 긋는 선, 천천히 긋는 선' 등 다양한 형태의 선을 연습하여 자신의 느낌을 전달하려는 선의 감각에 익숙해지게 한다. 또한, 선과 면, 도형 등의 기하학적인 형태 그리기를 통해서 선 뿐만 아니라 형태의 감각도 확장 시킬 수 있는 경험을 한다. 이런 경험을 갖은 아이들은 평소에 그리던 선과는 다른 감각으로 사물을 표현하게 될 것이다.

참고로 형태를 그리는 연습을 할 때 '발도르프 학교의 형태 그리기 수업 (한스 니더호이저 & 마가렛 프로리히, 푸른씨앗, 2015)'을 참고하여 진행했다. 형태 그리기는 예술 재료에 익숙해지는 데 도움이 될 뿐 아니라 그 자체로 예술 표현

이 되고 아이들의 내면적 힘과 예술적 감각과 능력을 키울 수 있는 체험이
될 수 있다.

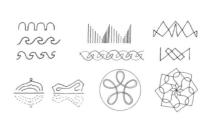

발도르프 학교의 형태그리기 수업 책자 표지　　　　형태그리기 활동 예시 사진

작품

작품 하면 유명 박물관이나 미술관에 전시되어 있는 명화나 조각이 떠
오른다. 뉴욕 현대미술관(MoMA)에 전시되어 있는 빈센트 반 고흐의 '별이
빛나는 밤에', 바티칸 시국의 성 베드로 대성에 보관되어 있는 미켈란젤로
의 '피에타' 또는, 스페인의 바르셀로나에 위치하고 가우디가 설계해서 일명
'가우디 성당'이라고 불리는 '사그리다 파밀리아 성당' 모두 세기에 걸친 작
품이다.

고전음악인 클래식 음악도 마찬가지이다. 바흐에서부터 헨델, 하이든, 모
차르트, 베토벤, 슈베르트 등 그들의 음악 모두가 예술작품이다.

빈센트 반 고흐의 '별이 빛나는 밤에'

미켈란젤로의 '피에타'

가우디의 '사그리다 파말리아 성당'

이뿐만 아니라 바실리 칸딘스키, 잭슨 폴록, 파울 클레와 같이 추상적이고 어느 한 사조로 분류하기 어려운 작가들의 그림에서부터 앤디 워홀의 팝아트, 키스 해링의 그라피티까지 과거에는 작품으로 취급되지 않았던 것들이 현재는 모두 예술작품으로 인정받고 있다.

2장에서도 언급했지만 공통점은 모두 예술가의 창작 결과물이다. 여기서 생각해볼 것이 '예술가'에 대한 인식이다. 예술교육의 흐름이 변화됨에 따라 예술가에 대한 인식과 의미도 달라졌다. 이제는 '잘 그리거나', '잘 연주하는' 기능 중심의 예술교육을 강조하지 않는다. 소수의 예술가와 그들이 창작한 작품을 감상하는 관객으로 구분하여 '예술가-관객'의 관계에서 미래의 관객을 키우기 위한 예술교육의 목적이 아니다. 세상이나 사물을 '더 많이', '더 섬세하게', '더 생생하고 강렬하게', 그리고 '더 다양한 시선으로' 듣고, 보고, 지각하고, 느낄 수 있게 하는 교육적 접근을 지향하고 있다. 그런 점에서 예술가는 뭔가를 잘 그리거나 만드는 사람이기보다는 오히려 뭔가를 자신만의 고유한 방식으로 잘 보고, 잘 듣고, 잘 느끼고, 잘 지각하는 사람이 될 것이다. 이런 의미에서 우리는 이제 누구나가 예술가가 될 수 있다고 말할 수 있고, 학교 예술교육은 바로 이런 의미에서의 예술가가 누구나 될 수 있도록 실천되어야 한다고 말할 수 있을 것이다.[26] 이런 의미에서 수잔 랭어는 '예술작품은 감각이라든가 상상력을 통해서 지각되도록 창작된 표현 형식'이라고 말하며 그 형식에 표현되어 있는 것은 '인간 감정'이다.'[27] 라고 말하였다. 인간 감정을 담은 창작된 표현 형식은 전문적인 예술가만이 할 수 있는 영역이 더 이상 아니며 누구나 예술작품을 창작할 수 있다는 것을 말해주고 있다.

일상

일상은 범위가 확장된 작품이자 모든 예술작품의 원천이다. 사실, 예술 언어를 통해 표현되는 모든 작품은 일상에서 나온 것들이다. 우리 주변의 사물이나 사람일 수도 있고, 주변의 공간, 우리를 둘러싸고 있는 자연이 될 수 있다. 작품과 차이점이 있다면 아직 누군가에 의해 지각될 수 있도록 표현된 형식이 아니라는 점이다.

그래서 우리는 일상에서 예술 수업을 위한 다양한 예술언어나 작품을 발견할 수 있다. 산책을 하거나 여행을 떠나서, 친한 사람들과 모이는 자리에서, 전시회나 공연장에서 다른 예술작품을 감상하는 중에도 얼마든지 새로운 예술언어나 작품을 찾을 수 있다.

그런 사례는 예술가들의 창작 과정에서 잘 드러난다. 밤하늘의 달을 보며 느낀 감각을 '달빛'이라는 피아노 선율로 표현한 드뷔시가 있고, 친구의 유작 작품을 보고 나서 '전람회의 그림'이라는 10곡의 작품을 작곡한 무소륵스키가 있다. 또한, 칸딘스키나 파울 쿨레처럼 클래식 음악을 듣고 나서 새로운 그림 작품을 표현하기도 한다. 한 유명 브랜드에서 만든 디자인은 피렌체 우피치 미술관에 소장되어 있는 보티첼리(Botticelli)의 '프리마베라(봄)'에 등장하는 꽃의 여신인 플로라의 옷 무늬에서 힌트를 얻은 것이다. 우리는 이런 과정을 '영감을 얻었다'고도 하며, '뜻밖의 발견, 세렌디피티(serendipity)'라고도 한다. 뜻밖의 발견이 위대한 영감이 되는 순간이다.

26) 곽덕주, 미적체험 예술교육의 교수-학습적 원리를 위한 소고, 2019, p2-4의 내용을 정리함.
27) 수잔 K. 랭어, 박용숙 역, 예술이란 무엇인가, 문예출판사, 1986, p26.

일상은 이렇듯 예술작품의 원천이 되고 또 다른 작품의 영감이 된다. 그리고 이러한 순간은 모두에게 매일 일어날 수 있다. 예술 수업을 통해 예술 언어와 작품을 느끼고 표현하는 것이 일차적인 목적일 수 있지만 결국은 일상에서 예술을 감각하고 뜻밖의 발견으로 일상과 자신이 연결되는 미적 체험을 하는 것이 궁극의 목적이다.

보티첼리의 프리마베라 꽃의 여신 부분

체험과정

체험과정은 '관찰, 상상, 표현'의 과정으로 이뤄진다. 실제적인 활동이나 행위로서 각 과정은 순서대로 운영되기보다는 수업의 주제에 따라서 통합적으로 운영된다.

'관찰'은 의식적이고 구체적으로 살펴보는 과정이며 아이들의 감각적 인지를 향상시켜주는 과정이다. 아이들은 하나의 주제나 사물, 작품 등에 대해 자세하고 상세하게 살펴보고 익숙한 것을 낯설게 보면서 자신에게 특별히 주목되는 특징을 발견하거나 감각한다. 이때 아이들이 주제나 사물에 대해 집중하는 습관을 가질 수 있도록 충분한 시간을 주는 것이 중요하다. 흔히 활동 중심 수업을 할 때 너무 많은 활동이나 활동을 위한 활동이 겉보기에는 아이들이 무엇인가 쉴 새 없이 하는 것처럼 보이지만 실제로는 나만의 방식으로 사물을 충분히 감각하고 집중할 수 있는 시간을 방해하고 있다는 점을 주의해야 한다.

'상상'은 여러 가지 의미를 갖고 있는데 여기서는 주제를 모방, 변형, 확대 등을 통해 새로운 관점을 제시하는 과정이다. 이러한 관점의 제시는 우리에게 친숙한 대상, 당연하게 여기는 것들에 대해 다른 관점을 발견하는 것이다. 이는 스스로 예술작품을 대면하고 해석하는 과정에서 이루어지며, 때로는 친구의 방식을 따라 하다가 발견하기도 한다. 그러한 모방도 결국에는 자신의 관점으로 수렴된다고 할 수 있다.

새로운 관점의 제시는 자신의 감정과 경험으로부터 출발한다. 감각을 통해 얻게 된 자신의 감정과 그러한 감정의 밑바탕이 되어주는 경험을 통해서 새롭게 발견하게 되는 과정이 상상이라고 할 수 있다. 그리고 상상의 과정은 동시에 표현을 통한 창작의 과정이 되기도 한다.

'표현'은 예술언어를 통해 자신이 감각한 것, 감정, 생각 등을 나타내는 과정이다. 우리가 느낀 것들, 상상을 통한 관점 등을 보거나, 듣거나, 지각할 수 있는 방식으로 나타내는 과정을 의미한다. 또한, 아이들이 표현한 느낌이나 감정이 실제로 다른 사람들도 이해할 수 있는 형태인지 둘 사이의 관계를 생각하는 과정이다. 그러기 위해서 공유의 경험을 만들어 서로 이야기를 나누고 확인할 수 있는 기회를 주는 것이 중요하다. 이러한 공유의 경험 역시 미석체험의 중요한 부분이다.

예술중점

예술중점은 수업을 통해서 강조하고 싶은 방향이다. 이것은 체험과정과 연결이 되는데

'감각'은 오감이라는 감각기관으로 관찰을 통해서 얻게 되는 것들을 의미한다. 이는 대상에서 특별히 주목되는 특징이 우리 마음에 일깨워주는 것이라고 할 수 있다. 이러한 감각을 통해 우리는 사물에 대한 특별한 느낌과 감정을 얻을 수 있다.

'관점'은 위에서도 말한 것처럼 우리가 감각으로 느껴지는 것들을 상상을 통해 재구성하는 과정이다. 예술작품을 매개로 일깨워진 감각을 자신의 방식으로 재구성하는 것이다.

'이야기'는 재구성된 자기만의 방식을 남들과 이해 가능한 방식으로 소통하기 위해 적절한 예술 재료를 선택하고 필요한 예술매체를 활용하여 공유하는 과정이다. 이때, 공유의 과정은 작품을 선보임으로써 완성될 수 있지만 작품에 대해 다른 사람들에게 이야기를 하거나 다른 사람들의 이야기를 듣는 과정으로 확대되어야 한다. 주의할 점은 이러한 공유의 시간은 작품에 대한 평가 시간이 아니라 자신의 체험과정에 대해 이야기를 나누는 시간이다. 그래서 자신이 체험하고 표현한 과정을 다른 사람이 이해할 수 있도록 이야기하는 기회를 통해 공감의 경험을 얻게 해주어야 한다.

이러한 예술중점인 '감각, 관점, 이야기'는 자연스럽게 우리가 키우고자 하는 역량으로 연결이 된다. '심미적 감성, 창의적 사고, 의사소통' 역량과

더불어 결국 미적체험을 통해 궁극적으로 '공감'이라는 역량으로 이어지게 될 것이다.

미적체험을 통해 자신이 느낀 주관적인 감각을 새로운 관점에서 이해 가능한 형식으로 표현하고, 공유의 과정으로 작품에 대한 이해뿐 아니라 자신의 감정을 발견하고 자신의 모습을 다른 사람에게 표현하는 공통감각을 형성할 것이다. 즉, 미적체험으로 예술과 나, 우리를 공감하는 경험을 갖게 되는 것이다.

미적체험으로 수업하다

 '예술 언어, 작품, 일상'을 중심으로 수업을 소개하는데, 체험의 형태가 세 가지로 명확히 구분되는 것은 아니다. 서로 연결되고 포함되는 관계이기 때문에 수업의 과정에서 동시에 나타난다. 다만 수업을 구상할 때 더 비중을 두거나 계기가 된 형태를 중심으로 분류한 것이니 분류와 상관없이 수업에서 강조하는 미적체험의 과정과 예술 중점을 고려하며 살펴봐주면 좋겠다.

 그리고 수업 중에는 아이들이 예술을 즐기고 체험하는 과정을 최대한 허용적이고 자유롭게 누릴 수 있는 환경을 만들어주어야 한다. 즉, 아이들의 자유로움을 최대한 보장해 주어야 한다. 수업을 너무 구조화된 활동으로 계획하게 되면 안정적인 진행은 되겠지만 도전적이거나 자유롭게 표현할 수 있는 여유는 부족해질 수 있다. 다만, 자유로움만큼 자유로움의 무게인 진지함을 동시에 배우는 과정이 되어야 한다. 예술에 대한 진지함을 의미한다. 그래서 자유롭더라도 내 마음대로가 아니라 무엇을 해야 할지에 대한 맥락과 상황을 명확히 알아야 한다. 그 상황 안에서 아이들은 어떤 작품을 만들어 내더라도 판단 받지 않는다. 그리고 교사는 아이들이 자신을 발견하고 드러내는 경험을 갖게 해주고 각자의 표현을 진지하게 들어줌으로써 자신들이 존중받고 있다는 인식하게 해주어어야 한다. 그런 과정을 통해 아이들은 자신들이 하는 행위가 자유로운 표현임과 동시에 진지하고 중요한 작업이라는 것을 깨닫게 된다.

또한, 수업의 사례들을 살펴보면서 어떤 과정을 통해 미적체험의 원리를 적용하려고 했는지, 아이들은 어떤 방식으로 예술을 경험하고 각자의 이야기를 표현할 수 있을지에 대한 고민을 함께 해주면 좋겠다. 결국엔 사례가 중요한 것이 아니라 내가 수업에서 실천하는 과정으로 연결 되어야 하는 것이 중요한 것이기 때문이다. 그러한 실천으로 책에 소개된 사례보다 훨씬 좋은 사례를 만들 수 있을 테니 말이다

예술언어를 담다

소리에 마음을 담다!

🎧 수업을 떠올려요

'음악은 세상의 소리를 선율로 옮긴 것이다.'라는 말이 있다. 우리가 연주하는 음악은 어쩌면 자연의 일부이고, 일상의 일부이다. 그런 음악을 표현하는 가장 기본적인 예술언어가 바로 '소리'이다.

이런 소리를 재료로 소리에 대한 감각을 깨우고, 소리를 낯설게 관찰하여 느껴보는 수업을 하고 싶었다.

'우리 주변에는 어떤 소리들이 있을까?

우리는 그 소리를 자세히 귀 기울여 본 적이 있을까?'

'소리는 누구에게나 같은 소리로 들릴까? 그렇지 않다면 왜 그럴까?' 등

소리에 마음을 담는다는 것은 어떤 의미일까? 우리가 매일 무심코 들었던 소리를 한 번쯤 자세히 듣게 되면 그 소리에는 특별한 의미가 생기지 않을까? 그 소리에는 어쩌면 느낌이나 감정이 담겨 있을지 모른다. 그래서 같은 소리를 듣더라도 다른 느낌으로 들릴 것이라고 생각했다. 그렇다면 우

리가 듣는 소리에 감정을 담아보면 어떨까? 소리에 마음을 담아보는 수업을 해보고 싶었다.

🎣 수업을 실천해요

소리 채집하기 → 소리상자 만들기 → 소리 추억 연결하기

○ 소리 채집하기

수업을 시작하며 주제에 관해 이야기를 나눴다.

"소리에 마음을 담는다는 게 무슨 뜻일까? 이 주제로 어떤 수업을 해볼까?"

"소리랑 마음을 연결해요. 소리를 찾아보아요.
재밌는 소리를 찾아서 들어봐요."

아이들이 말하는 것들에 수업의 의미나 과정이 대부분 담겨 있다는 것을 자주 느꼈다. 아이들의 대답을 이어 그렇다면 어떻게 하면 소리를 담을 수 있을지 방법을 떠올려보게 했다. 그리고 소리 채집이라는 용어를 안내했다.

"채집은 곤충 잡을 때 쓰는 말 아닌가?"
"그럼 소리를 잡으러 다니는 거네!"

맞는 말이다. 주변의 소리를 찾으러 다니고 잡으러 다니는 활동이었다. 아이들의 주변, 학교의 소리를 채집하려고 했다. 우리가 매일 생활하는 학교에는 어떤 소리로 채워져 있을까? 일상에서 매일 듣는 소리일 텐데 그 소리에 멈춰서 잠시 귀 기울여 본 적이 있을까? 아이들에게 우리 학교를 돌아다니며 찾을 수 있는 소리를 녹음 해오라고 했다. 그러면서 미리 준비한 녹음용 마이크를 모둠별로 나눠주고 간단히 사용법을 설명해 줬다.

<자료 사용 방법 - 녹음용 마이크, 이어폰 분배기>

▷ 녹음용 마이크는 시중에서 저렴하게 구매(3만 원 내외)할 수 있는 마이크로 휴대전화 단자에 연결하면 바로 녹음을 할 수 있다.

▷ 모둠별로 활동을 하기 위해서는 이어폰 분배기가 필요하다. 3~4명 정도 모둠을 구성할 때, 한 사람의 휴대전화에 마이크를 연결하면 녹음된 소리를 같이 들을 수가 없다. 그래서 분배기를 연결하여 함께 듣는다. 별 모양의 5 분배기가 좋다.

▷ 먼저 핸드폰에 이어폰 분배기를 연결하면 분배할 수 있는 단자가 다섯 개가 남고 한 곳에 녹음용 마이크, 나머지에 모둠원 이어폰을 연결하면 된다.

녹음용 마이크

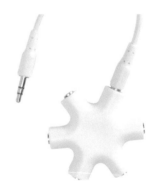

이어폰 분배기

아이들은 자유롭게 학교 이곳저곳을 돌아다니며 소리를 찾았다. 교실에서부터 시작해서 복도를 따라 계단을 오르내리며 음악실, 컴퓨터실, 강당, 운동장, 놀이터, 급식실, 도서관 등, 말 그대로 구석구석을 돌아다니며 소리를 채집했다. 어떤 아이들은 들리는 소리만 채집하는 게 지루했는지 소리를 만들어 채집했다. 모두 교실에서 수업을 하는 중이라 운동장에서는 원하는 소리를 채집할 수 없자 공을 가져와서 운동장에서 들을 수 있는 소리를 채집했다.

"내가 여기서 발로 공을 세게 찰 테니까 차는 순간에 소리를 녹음해!"

이마에 땀이 몽글몽글 솟아오르는데도 공을 차고 나서 녹음된 소리가 마음에 들지 않았는지 계속해서 다시 녹음하자고 했다. 다른 아이는 빨리 다른 소리를 녹음하고 싶어서 그만하자고 티격태격했다. 자연스러운 과정이다. 각자가 참여하는 정도와 목적이 다를 테니까. 다만 '소리 채집하기'라는 활동 주제에 크게 벗어나지 않도록 이 시간에 무엇을 해야 하는지에 대한 재인지가 필요했다.

발걸음 소리   물 떨어지는 소리   공차는 소리

소리를 채집하면 함께 채집한 소리를 들어봤다. 소리에 집중하기 위해서 먼저 채집한 소리에 대한 '소리지도(soundmap)'를 만들게 했다. 청각적인 소리는 흐르고 나면 사라지기 때문에 소리 지도라는 시각적 이미지를 보며 소리를 들으면 좀 더 집중할 수 있었다. 미리 학교의 평면도를 준비해서 소리를 표시해도 좋다. 소리 지도와 함께 채집한 소리를 들어보며 아이들은 채집한 소리에 대해 설명을 했다.

아이들은 녹음된 소리를 들으며 평소에 들던 소리와 다른지 처음에는 어색해서 소리가 흘러나올 때마다 웃음소리를 냈다. 그러다가 '이게 무슨 소리지?'하며 소리에 집중했다. 평소의 소리를 낯설게 들어보는 과정이다. 매일 들던 소리도 녹음된 소리로 다시 듣게 되면 낯설게 느껴지고 다르게 들리기 때문이다. 아이들은 그 소리에서 재미를 느끼기도 하고 실제 소리에 의아해하기도 했다.

"공 차는 소리가 원래 이런 소리였어?"

아이들은 소리를 채집하는 과정에서 소리를 자세히 들었다. 이를 '소리 관찰'이라고 부른다. 자세히 소리를 관찰하고 소리를 감각한다. 소리 채집의 목적이다. 이 과정에서 아이들은 주변을 새롭게 보는 기회를 갖는다. 소리를 통해 주변을 새롭게 본다는 뜻이다.

○ 소리 채집의 다른 방법

실제로는 이 수업을 할 때 먼저 적용했던 활동이다. 이 활동은 소리라는 청각적인 요소를 바로 마음(감정)과 연결하는 것이 아이들에게는 어려움이 있을 거라는 생각에 준비했던 과정이다. 소리와 감정, 정서를 좀 더 쉽게 연결해 주기 위해 먼저 시각적인 이미지를 감정과 연결하는 것으로 시작했다. 이때 사용한 자료가 솔라리움 카드이다. 요즘은 이미지 프리즘, 이미지 카드 등으로 다양한데 아이들에게는 그림 카드라고 소개했다.

솔라리움 카드(이미지 프리즘)

모둠별로 그림 카드를 무작위로 두 장씩 그림이 보이지 않게 뒤집어서 나눠줬다. 한 장씩 카드를 뒤집어서 나온 이미지를 자세히 관찰했다. 자세히 관찰한 후에 이미지에 대해 이야기를 하게 했다. 바로 이미지와 감정을 연결하기보다는 어떤 장면인지, 그림에서 관찰한 것들에 대해 이야기를 나눴다. 그리고 이 사진을 찍은 사람은 우리에게 무엇을 말해주기 위해서 찍은 것일지 물어보며 그림에 담긴 이야기를 떠올려봤다. 이때 자신의 경험과 연결 지어 이야기를 떠올려보게 했다. 그리고 이야기에서 떠오르는 감정을 찾았다.

이야기를 나눈 후 모둠별로 한 장의 카드를 정했다. 그리고 그 카드를 싱

징하는 느낌이나 감정을 정해보게 했다. 예를 들어, 푸른 숲속 길을 걷고 있는 사람의 모습이 찍힌 이미지를 보고 여유롭게 숲속을 산책하는 느낌이 들어 '편안함'이라는 감정으로 정했다.

그림 카드에 어울리는 감정을 정한 후에 소리를 채집하는데, 채집하는 방법은 두 가지가 있다. 하나의 방법은 감정에 어울리는 소리를 먼저 떠올리고 마인드맵을 만들어보는 것이다. 아이들은 그림 카드의 장면에 어울리는 소리를 적기도 하고, 실제 감정과 어울리는 소리를 떠올리기도 했다. 감정과 관련된 자신만의 경험을 떠올려보고, 그 경험에서 들었던 소리를 상상하기도 했다. 예를 들어, 계곡에서 래프팅을 하는 그림 카드를 보고 즐거움이라는 감정을 선택한 모둠은 그림 장면과 어울리는 물소리를 적을 것이다. 즐거울 땐 신나는 노래를 부르니까 노래 부르는 소리를 떠올릴 수도 있다. 운동장에서 축구를 할 때 즐거웠던 경험을 떠올리며 축구공 소리를 즐거움의 소리라고 생각할 수도 있다. 이런 소리들을 떠올려보고 마인드맵으로 완성을 했다. 그러고 나서 실제 그 소리들을 채집하러 갔다.

그림 카드를 보며 느낌과 경험을 말하는 장면

옥이샘의 감정카드

다른 방법은 순서의 차이가 있다. 수업 시간에는 감정을 정하는 것까지만 했다. 그리고 각자 과제로 방과 후나 주말을 이용하여 자기 주변의 소리를 관찰하고 감정과 어울리는 소리를 자유롭게 채집하게 했다. 그런 후에 채집한 소리들을 마인드맵으로 정리하게 했다. 정리한 마인드맵은 다음 수업 시간에 가지고 와서 자신이 채집한 소리를 소개하는 활동부터 시작했다. 수업의 일정 등을 고려하여 적절하게 적용하면 되겠다.

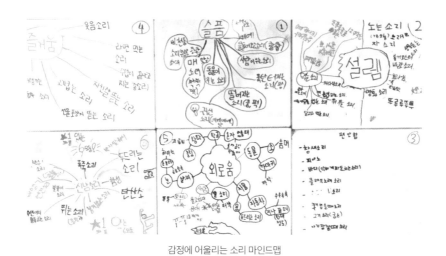

감정에 어울리는 소리 마인드맵

소리 채집과 마인드맵을 완성한 후에는 함께 공유하는 시간을 가졌다. 모둠별로 어떤 감정에 어울리는 소리를 채집했는지, 그 소리를 채집하게 된 까닭은 무엇인지 등을 함께 소리를 들으며 이야기 나눴다. 미적체험에서 작품의 전시와 공유의 시간이 중요하다고 말한 것처럼 채집한 소리를 함께 들으며 이야기를 나눴다. 아이들은 다른 모둠이 채집한 소리를 듣고 소리에 대한 설명을 들으면서 본인이 채집한 소리와 비교를 해볼 것이다. 그리면서 소리의 차이점도 느낄 테지만 비슷한 소리를 채집했는데 다른 감정, 다른 이야기를 표현한다는 점도 발견하게 될 것이다. 또한, 설명을 들으면서 자신도 비슷한 경험을 한 적이 있다는 것을 알아차리게 된다. 다른 친구의 이야기가 자신의 경험과 동화되는 순간으로 공통 감각을 얻는 경험이며 그런 경험은 공감의 밑거름이 될 것이다.

○ 소리상자 만들기

소리상자를 만드는 것은 채집한 소리와 소리에 어울리는 감정과 정서를 감각 가능한 사물로 표현해보는 활동이다. 그래서 어떤 사물로 표현하면 좋을지 생각하다 무엇을 담아낼 수 있는 '상자'가 떠올랐다. 소리의 시각화를 위한 창작 활동이며 상상력이 필요한 시간이다.

"소리를 보이게 하려면 어떻게 해야 할까요?

소리를 통해 느낀 여러분의 감정을 보이게 할 수 있는 방법은 무엇일까요?"

"어울리는 색을 칠해요."

"그림 카드처럼 그림을 그리거나 사진을 붙여요."

"담는다고 했으니까 상자 안에 물건을 넣어요."

소리상자를 표현하는 방법

다양한 의견이 나왔다. '색, 모양, 형태, 그림, 사진, 구조물, 자연물이나 인공물' 등 모두 가능한 대답이었다. 어떤 방법이나 재료를 사용해도 좋다. 중요한 것은 소리에 어울리는 상자, 소리에 담긴 감정에 어울리는 상자를 만드는 것이라고 안내한 후 만들기를 시작했다.

아이들은 모둠별로 어떻게 표현하면 좋을지 상의를 하고 필요한 재료를 모으기 시작했다. 표현 방법도 다양했다. 색종이를 잘게 오려서 붙이는가 하면 컬러 점토를 가지고 와서 캐릭터를 만들기도 했다. 표현의 과정에서 아이들은 끊임없이 대화했다. 어떤 모양으로 할지, 무슨 색을 붙일지 저마다 표현하고 싶은 방법에 대해 말하고 의견을 교환했다. 하고 싶은 표현이 각자 다를 수밖에 없다. 그래서 의견 차이가 커서 다툼이 일어나기도 했다. 자연스러운 과정이다. 모둠 스스로 해결하는 과정을 경험해야 할 것이고 필요한 경우에는 교사가 지원해야 한다.

소리상자를 만드는 과정

소리상자가 마무리되면 실제 상자에서 소리가 나면 좋겠다는 생각으로 상자 안에 작은 블루투스 스피커를 설치하였다. 채집한 소리를 함께 들려주며 소리상자를 소개하게 했다.

소리상자를 소개하는 방법은 여러 가지가 있겠지만 전체를 대상으로 한 모둠씩 앞에 나와 발표하는 것보다는 소개 그룹과 관람 그룹으로 나누어서 갤러리 형태로 운영하는 것을 추천하고 싶다. 훨씬 자율적이고 개별적으로 서로 대화를 나눌 수 있는 환경을 만들어 주기 때문이다. 소개 그룹은 소리상자를 어떤 과정으로 표현을 했는지, 어떤 소리와 감정을 표현하려고 했는지를 발표했다. 관람 그룹은 설명을 들으며 궁금한 점을 바로바로 물어보고 가까이에서 채집한 소리를 같이 들으며 실제로 표현한 것과 소리나 감정이 어울리는지 비교하며 관람했다.

소리상자 작품

○ 소리 추억 연결하기

'소리에 마음을 담다'의 마지막 활동이다. 이번 활동은 그동안 경험했던 소리를 바탕으로 문제 상황을 제시하고 이를 해결하는 과정이다. 어떤 문제 상황일까?

소리와 관련된 문제 상황을 고민하다가 한 편의 이야기를 만들어 들려주기로 했다. 소리와 관련된 추억 이야기를 당시에 읽고 있던 그림책의 그림과 연결하여 문제 상황을 만들었다. 제목은 '루체의 추억 서랍장'이다.

이야기를 들은 후, 루체의 고민은 무엇인지, 고민을 해결하기 위해 우리가 무엇을 하면 좋을지 이야기 나누게 했다.

루체는 소리 모으기를 좋아합니다. 즐겁고 설레는 일, 쓸쓸하고 시무룩한 일, 쿵쾅쿵쾅 가슴 뛰게 놀라거나 화나는 일, 여러 가지 추억을 소리로 모아 추억의 서랍장에 담아 장식장에 넣어 둡니다. 그런데 어느 날, 햇살이 너무 좋아 커튼을 젖히고 청소를 하다가 그만 장식장을 건드려 소리를 담아두었던 서랍장이 우르르 떨어져 뒤섞여 버렸습니다. 서랍장이 뒤섞이니 담아 두었던 소리도 모두 뒤섞여 버렸습니다. 여기저기에서 들리는 소리를 들으며 루체는 고민에 빠졌습니다.

이 소리는 어떤 추억을 담았던 소리였지?

언제나 빛나는 별처럼 책 표지
(진 윌리스, 사파리)

'루체의 추억 서랍장' 이야기

소리가 뒤섞여 버렸으니 어떤 소리가 뒤섞였는지부터 파악해야 할 것이다. 그래서 먼저 뒤섞인 소리를 들려줬다. 아이들은 소리를 자세히 관찰하며 무슨 소리인지 찾고 비교했다. 아이들에게 들려줬던 소리는 그동안 아이들이 채집했던 소리와 내가 별도로 준비한 소리를 섞어서 들려줬다.

> 공차는 소리, 노크 소리, 뛰는 소리, 물 마시는 소리, 박수 소리, 빗소리,
> 사과 씹는 소리, 숲길 걸음 소리, 연필 소리, 울음소리, 웃음소리,
> 자전거 벨 소리, 전화 신호음 소리, 타자기 소리, 휘파람, 새소리.

소리를 여러 번에 걸쳐서 들려주며 소리를 찾고 비교해보게 했다. 들었을 때 어떤 소리인지 쉽게 구분 못 하는 소리도 있다. 그럴 때는 어떤 소리였는지 다시 들려줬다.

소리를 관찰하고 찾은 소리를 발표하는 모습

소리를 관찰하고 본격적으로 루체의 고민을 해결해 주기로 했다. 소리가 뒤섞여 어떤 추억의 소리였는지 모르는 상황에서 아이들은 추억을 찾아 주기 위해 여러 가지 소리 중에서 소리를 선택하고 소리에 어울리는 추억을 연결해 줬다.

이 과정을 진행하기 전, 사전에 몇 가지 고려한 점이 있다. 일단 선택할 소리의 개수를 세 가지 소리로 한정했다. 너무 많은 소리나 너무 적은 소리로 이야기를 만들기엔 어려움이 있기 때문이다. 최소한 하나의 소리에 하나의 문장이 나올 수 있도록 세 가지 소리를 선택하게 했다. 그래서 최소한 '처음-가운데-끝'의 세 문장으로 완성할 수 있게 했다. 그리고 이야기를 만들 때 다음과 같이 예를 들어 소리에 담긴 감정도 함께 표현할 수 있게 했다.

선택한 소리	웃음소리, 박수 소리, 공차는 소리
소리 추억 연결하기	친구들과 함께 **즐겁게** 축구를 합니다. → 친구들이 **신이 나서** 크게 웃고 있습니다. → 내가 골을 넣었더니 친구들이 손뼉을 쳐줘서 **뿌듯했습니다.**

사례처럼 선택한 소리를 이야기의 흐름에 맞게 순서를 조정하여 이야기를 완성해갔다. 문장에 공을 찬다고 표현해도 좋다. 소리와 함께 그때의 감정도 함께 표현했다. '즐겁게, 신이 나서, 뿌듯하다.'처럼 교사는 모둠별로 활동을 하는 동안 아이들의 상황을 살펴보면서 소리에 어울리는 감정을 이야기에 함께 표현할 수 있게 지원해 줬다.

함께 소리를 선택하고 이야기를 연결하는 과정은 생각보다 오래 걸린다. 그럴 수밖에 없다. 들리는 소리는 각자에게 다른 경험과 감정으로 들려서 같은 소리지만 다른 느낌의 소리이기 때문이다. 그래서 소리의 선택부터 하나의 이야기를 만들기까지는 시간이 걸리고 조율을 하는 데 어려움이 많다. 그러다 보면 교사의 마음은 다급해진다. 빨리 결과물이 나오길 바라는 마음이 크기 때문이다. 나 역시도 그랬다. 그렇지만 재촉할 수는 없다. 기다리려 노력했고 예상했던 시간을 훌쩍 넘겼지만 모든 모둠이 이야기를 완성했다.

소리 추억의 발표는 움직임과 연결을 지었다. 한 명은 이야기를 들려주고 나머지 아이들은 이야기의 상황을 몸짓으로 표현했다. 완성한 이야기를 단순히 소개하는 것보다 상황극을 통해 더 실감 나게 전달하기 위해서다. 다른 아이들은 선택한 소리가 어떤 이야기로 표현되었는지, 이야기에 소리의 감정이 잘 드러났는지를 생각하며 감상을 했다. 감상 후에는 간단한 소감과 느낌을 교환하면 더 좋을 것이다.

소리추억 발표하기

👣 수업을 돌아봐요

- 소리를 채집하는 방법은 세 가지다. 첫째는 장소를 정해 다양한 소리를 채집하고 소리 지도를 만드는 방법, 둘째는 감정을 정하고 소리를 상상하여 마인드맵 완성한 후에 그 소리를 찾거나 만들며 채집하는 방법, 셋째는 감정을 정하고 일상에서 소리를 채집하고 실제 채집한 소리를 마인드맵으로 완성하는 방법이다. 어떤 방법이 더 좋다기 보다는 여건에 따라 더 알맞은 방법을 선택하는 게 좋겠다.

- 두 번째 방법을 활용할 때는 정해놓은 소리를 실제로 채집할 수 있을지가 제한될 수 있다. 채집이 어렵다면 비슷한 소리를 만드는 과정이 들어갈 수 있다. 세 번째 방법은 방과 후나 기간을 정해 과제를 줘서 소리를 채집하는 시간을 확보해 줘야 한다. 그래서 수업을 나눠서 진행해야 한다.

- 소리를 채집하는 활동에서 그림 카드를 통해서 감정을 끌어내는데 이미지를 보며 감정을 선택하는 과정이 소리를 채집하는 활동과 크게 연관성이 없어 보인다. 나중에 소리에 대한 경험보다는 그림에 대한 경험 나누기로 흘러가는 일도 있다.

- 사실 아이들이 활동할 때 쉽게 감정을 선택하거나 다양한 감정을 이야기하지 못한다. 실제로 감정을 나타내는 낱말을 아는 대로 적어보게 하면 대다수 아이는 10개 이상의 낱말을 적지 못한다. 5개 미만의 낱말을 적은 아이들도 많다. 일상에서 감정을 표현하는 것이 한정적이라는 것을 알 수 있다. 다양한 감정과 의미를 접할 기회가 부족해서일 수도 있다. 그래서 요즘은 많은 선생님께서 감정 카드나 덕목 카드 등을 활용하여 아이들에게 다양한 감정에 익숙해질 기회를 만들려고 노력하는 것을 볼 수 있다.

- 소리상자 만들기에서 소리나 감정에 어울리는 표현을 할 때, 아이들이 감정과 어울리는 상징적인 모양이나 색을 표현하기보다는 소리와 관련된 경험을 구체적으로 그려 넣거나 소리가 나는 상황을 표현하는데 더 익숙하다. 아직 모양이나 형태 등을 상징적으로 추상화하는 과정에 익숙하지 못하기 때문이다. 교사의 의도적인 안내와 표현을 경험해보게끔 지원하는 것이 필요하다.

- 여러 가지 뒤섞인 소리를 들려줄 때, 소리와 소리 사이에 약간의 틈을 준다면 아이들은 소리를 더욱 쉽게 구분해 낼 것이다. 틈 없이 소리를 다 붙여 연결했더니, 혼란스러워했고 떠올릴 시간 또한 부족했다. 그리고 하

나의 소리가 너무 짧으면 충분한 소리 관찰이 어렵다. 이럴 경우에는 같은 소리를 여러 번 반복해서 들려줄 필요가 있다.

- 소리의 선택에도 고민이 필요하다. 아이들이 채집한 소리를 들려주는 경우 친구의 목소리가 들리자 재미가 있는지 웃어대며 소리의 집중하지 못했다. 또한, 사과 씹는 소리나 숲길 걸음 소리 같은 경우는 실제로 들었을 때 쉽게 구분하기가 어려웠다. 소리 자체가 구체적인 상황을 알아야 이해되는 소리이기 때문이다. 듣는 사람에 따라서는 발걸음 소리가 아니라 무언가를 비비거나 만지는 소리처럼 들리기도 했다. 의도적으로 소리에 대해 상상을 할 때만 가능했다.

- 함께 소리 추억을 완성해가는 과정에 대한 고민이 많아졌다. 여러 가지 소리 중에서 같이 소리를 선택하고 선택한 소리로 이야기를 만드는 과정이 아이들에게는 막연하고 막막해 보일 수 있기 때문이다. 어떤 소리를 선택할지부터 쉽지 않다. 각자가 하고 싶은 이야기가 달라서 하나의 이야기를 만드는 것이 쉽지 않다.

  그래서 다른 반 수업에서는 각자 소리를 선택하여 소리 추억을 만들게 했다. 그리고 각자 만든 이야기를 소개하고 그중에서 하나의 이야기를 선택하여 발표했다. 이때는 이야기를 완성하는 시간이 이전 활동보다는 줄어들었다. 그러나 하나의 이야기를 선택하는 데는 어려움이 있었다. 모두 내 이야기가 선택되길 바라기 때문이다. 두 방법 모두 장단점이 있고 고민이 되는 방법이었다.

- 다른 방법은 모둠에서 한 친구가 소리를 선택해서 이야기 문장을 만들면 다른 친구가 만들어진 문장에 연결될 수 있는 소리를 선택하고 이야기를 이어가는 방법이다. 친구마다 어떤 소리와 문장을 만드느냐에 따라 여러 이야기가 만들어질 수 있고 즉흥적인 창작경험이 가능하다.

소리에 풍경을 담다

🎧 수업을 떠올려요

1학년을 대상으로 했던 통합교과 수업이다. '여름 나라'라는 단원에서 '여름 날씨에 따른 생활 모습', '여름에 사용하는 생활 도구', '생활 속에서 지킬 수 있는 에너지 절약', '여름 느낌 표현'이라는 하위 주제로 여름을 탐색하고 표현하며, 여름을 느끼는 단원이다. 이 중에서 '여름의 모습과 느낌을 창의적으로 표현한다.'라는 성취기준 관련 수업인데, 자연현상과 자연물, 여름 풍경을 느끼고 소리로 표현해보는 수업이다.

수업에는 두 가지 개념을 적용하였는데, 첫째는 '사운드스케이프(Sound-scape)'라는 개념이다. 소리를 뜻하는 'sound'와 환경을 뜻하는 'scape'를 결합하여 만든 말인데, 아이들에게는 풍경을 뜻하는 'landscape'에 빗대어 '소리풍경'이라고 소개했다.

> **사운드스케이프(Soundscape)**
>
> 소리(Sound)와 환경(Scape)의 합성어로 캐나다의 작곡가 머레이 셰퍼가 그의 동명 저서인 'The soundscape'에서 소개한 개념으로 어떤 특정한 장소나 공간이 지닌 고유한 소리가 그 장소나 공간의 독특한 풍경을 창조하는 힘을 지니고 있다는 개념이다. 소리가 단순히 공간에 종속된 객체가 아닌 공간을 이끄는 주체가 될 수 있고, 소리의 위치와 배열에 따라 새로운 공간을 만들고 소리에 대한 상상을 자극한다.

'소리가 공간을 이끄는 주체가 될 수 있다. 소리에 따라 새로운 공간을 만든다.'라는 설명처럼 소리를 통해 아이들마다 새로운 공간을 떠올려보는 수업을 하고 싶었다. 그래서 소리풍경을 떠올린다는 의미로 '소리에 풍경을 담다.'라는 주제로 소리와 풍경, 소리와 나를 연결해 주는 수업을 준비했다.

둘째는 '타이포그래피(typographic)' 또는 '캘리그램(calligram)'이라는 개념이다. 관련 작품을 참고하여 표현 방법을 수업에 적용해보았다. 사실 이 개념을 수업에 처음 도입한 계기가 된 건, 1학년 아이들이 어떻게 하면 글자와 좀 더 친숙해지고 재미있는 글자 배우기가 될 수 있을까? 고민하며 수업하던 중 아이디어가 떠올라 수업에 적용해 보았다.

타이포그래피(typographic)

활자 서체의 배열을 말하는데, 특히 문자 또는 활판 기호를 중심으로 한 2차원적 표현을 가리킨다. 활판으로 하는 인쇄술을 가리키는 용어이기도 하다. 오늘날에는 뜻이 바뀌어 사진까지도 첨가하여 그래픽 디자인 전체를 가리키고 일반의 디자인과 동의어같이 쓰이는 일도 있다. 즉, 편집 디자인 분야에서는 활자의 서체나 글자 배치 따위를 구성하고 표현하는 일을 가리키는 용어이다.
문자 배열, 문자 디자인과 문자 상형을 수정하는 기술과 예술이다. 상형문자는 창조되고 다양한 일러스트레이션 기법으로 수정된다. 글자의 정돈은 서체의 선택, 포인트 사이즈, 선 길이, 선 간격, 문장 사이의 간격 맞춤과 단어 사이의 간격 맞춤을 포함한다. (by 위키백과)

캘리그램(calligram)

글자의 디자인과 레이아웃을 단어 자체의 의미와 관련된 시각적 이미지로 나타낸 단어 또는 텍스트이다. (by 옥스포드 영어사전)
아폴리네르(Guillaume Apollinaire, 1880-1918)가 그의 시집 'calligramme'(1918)에서 처음 시도한 개념으로 시, 회화, 음악의 세 가지를 타이포그래피적 표현을 통해 결합시켜 표현하였다. 글자의 회화화를 시도하여 시에

입체감을 불어넣었다. (by 한글 글꼴 용어 사전)

캘리그램은 예를 들어, '얇다(thin)'를 매우 얇은 글꼴로 표현하고, '고대(ancient)' 를 무너지고 낡아 보이게 표현하며, '성장(growth)'을 낱말이 점점 커지게 표현 한다. '두려움(fear)'은 떨림을 표현하기 위해 글자를 흔들리게 표현하면서 단 어의 의미를 강조하여 시 읽기를 도와준다. (by CLPE-Centre for Literacy in Primary Education)

수업의 아이디어는 유래 작가의 '한글을 그리다'의 작품을 보면서이다. 그림인 줄 알았는데 자세히 보니 글자를 그림처럼 표현한 것이었다. 보자 마자 신선한 아이디어가 좋아서 나도 작가의 방법처럼 글자를 그림으로 표 현해 아이들이 친숙하고 재미있게 글자 공부를 하고 자연스럽게 소리와 연 결해 보게 하고 싶었다.

수업을 실천해요

한글 선비의 초대 → 소리를 듣고 여름 풍경 상상하기
→ 몸짓과 말로 표현하기 → 글자 나라 여름 풍경 표현하기

○ 한글 선비의 초대

수업의 시작은 글자 나라에서 온 한글 선비의 초대로 시작했다. 글자 나 라에 사는 한글 선비가 아이들에게 글자 나라의 여름 풍경으로 초대하는 편지를 소개했다. 편지도 준비하고 선비처럼 목소리도 흉내 내며 아이들에 게 상황극을 보여줬다. 아이들은 편지의 작품과 이야기에 몰입하며 흥미롭 게 한글 선비의 초대에 응했다. 소개되는 캘리그램 작품은 이야기에 맞춰

내가 직접 표현해 본 것인데, 준비하면서 재미와 매력을 느꼈다.

"안녕하시오 귀염둥이 여러분! 난 글자 나라에 사는
한글 선비라오. 내가 여러분들에게
글자 나라를 소개해 주고 싶어서 편지를 썼다오."

"글자 나라도 여러분들이 사는 곳처럼
봄, 여름, 가을, 겨울이 있는데
봄에는 이렇게 화분에서 꽃이 올라온다오."

"지금은 어느새 봄이 지나가고
여름이 찾아왔다오"

"저 멀리에는 큰 산이 두 개 솟아있는데 산이
어찌나 높은지 산 중턱에는 구름이 흐르고 있다오."

"산 아래에는 긴 냇물이 굽이굽이 흘러가는데
냇물 주변에는 이렇게 여러 가지 나무들이
자라고 있다오."

"이런 풍경을 구경하면서 나들이를 갈 때면
어떤 날은 햇볕이 쨍쨍해서 무덥기도 하고,
어떤 날은 갑자기 비가 쏟아지기도 한다오.
이때 바람이 이리저리 불어 대면
비도 사방으로 흩어져 내린다오."

"어떠시오. 우리 글자 나라의 여름 풍경이 제법 근사해 보이지 않소?
그래서 여러분들을 이곳 글자 나라로 초대해서 여름 풍경을 보여주고 싶은데
이곳은 특별한 방법으로 올 수가 있다오.
바로 여러분들이 글자 나라의 풍경 소리를 듣고 멋지게 표현해 줄 수 있는 사람만 올 수 있다오.
자! 여러분 모두가 이곳에 올 수 있기를 바라면서 답장을 기다리고 있겠소!"

한글 선비의 초대

한글 선비의 초대를 받은 아이들은 글자 나라의 여름 풍경을 구경하러 가기 위해서 풍경 소리를 듣고 여러 가지 방법으로 표현을 하는 미션을 받게 된다. 미션은 소리를 통해 여름 풍경의 모습과 느낌을 상상하고 그것을 몸짓과 말, 캘리그램으로 표현하게 된다.

○ **소리를 듣고 여름 풍경 상상하기**

첫째 활동은 소리를 듣고 여름 풍경의 이미지를 떠올리는 활동이다. 세 곡을 준비한 후, 여섯 모둠이 각자 한 곡씩 선택하게 했다. 결과적으로 두 모둠씩 같은 곡을 듣게 됐다. 몇 곡을 준비해야 하고 모둠별로 어떻게 연결해 줄지도 수업 전에 했던 고민이었다. 모둠별로 충분히 곡을 느끼고 표현하기 위해선 모둠당 한 곡씩 정하는 게 좋기는 하다. 발표할 때 최대한 다양한 곡을 느낄 수 있기 때문이다. 하지만 그러면 너무 산만해질 것 같았다. 같은 곡을 비교해볼 기회도 사라질 것이다. 이런 이유로 세 곡을 선택했다. 같은 곡을 표현하는 것임에도 풍경과 날씨를 다르게 표현하는 아이들을 상상하며 서로 비교해 보기로 했다.

곡 선정이 어려웠다. 여름의 풍경과 날씨를 느낄 수 있는 다양한 장르의 음악을 찾아 들어보고, 여러 책에 소개된 곡들을 찾아 들어봤다. 하지만 곡 자체만으로는 1학년 수준에서 날씨에 대한 느낌을 충분히 전달하기 어려웠다. 그래서 날씨와 관련된 자연의 소리를 곡에 믹스하면 좋겠다는 생각이 들었다. 여러 가지 자연의 소리를 표현한 음원을 찾았다. 생각보다 곡에 어울리는 소리를 찾는 게 쉽지는 않았다. 아이들이 한 곡을 듣는 시간은 1분이 채 안 되지만 그 곡을 준비하고 고민하는 시간은 생각보다 아주 긴 시간이있다.

모둠	원곡	추가된 자연의 소리
1,4	지평권, Funny waltz, Drama Sonatina 앨범 中	매미 우는소리
2,5	한광수, 여름, 산하(山河) 앨범 中	바람 부는 소리
3,6	쇼팽, 연습곡 작품 25-11. 겨울바람	비와 천둥소리

소리를 어떤 방법으로 들려줄지도 고민이었다. 모둠별로 소리를 듣기 때문에 태블릿을 이용했고, 동시에 듣기 때문에 이어폰과 이어폰 분배기도 필요했다. 걱정이 된 부분은 저학년이라 여러 가지 자료를 주면 활동에 집중하지 못할 것만 같았다. 손이 닿는 곳에 무언가가 있으면 자연스럽게 만지고 싶어 하고 가지고 놀고 싶어 하기 때문이다.

그래서 소리를 관찰하는 활동과 표현하는 활동으로 나누어 공간을 분리했다. 책상도 필요 없다. 교실 가운데에 의자만 놓고 각 모둠의 주변에

공간이 분리된 교실

책상을 배치해서 그곳에서 소리를 관찰하게 했다. 지금 생각해보면 의자도 필요 없겠다. 몸짓을 연습하는 데 방해가 되기 때문이다. 이렇듯 수업을 할 때 공간적인 부분을 비롯한 여러 가지를 염두에 두고 준비를 할 필요가 있다. 귀찮을 수도 있다. 그렇지만 이런 준비와 고민이 아이들에게 그대로 전달된다는 생각으로 한 번 더 고민해보면 좋겠다.

소리를 관찰하는 공간   이야기를 나누는 공간

모둠에 해당하는 소리를 관찰했다. 어떤 소리가 들려오는지 자세히 듣고 나서 풍경의 이미지를 떠올렸다. 날씨를 떠올리고, 소리와 어울리는 장소, 내가 그 장소에 있다면 무엇을 볼 수 있을지도 상상했다. 다양한 이미지들을 제한 없이 떠올려보고 이야기를 나누었다. 전혀 다른 풍경을 이야기할 수 있다. 같지 않아도 된다. 아이들이 이야기한 것들 모두가 풍경 일부분이다.

여기서 떠올린 이미지들은 몸짓과 말로 표현하기 위한 재료가 됐다. 이야기한 풍경의 이미지에 어울리는 자기만의 색깔도 떠올려봤다. 소리를 듣고 무슨 색이 떠올랐는지, 왜 그 색이 어울리는지 이야기했다. 한 가지가 아닌 여러 가지 색을 떠올릴 수도 있다. 이러한 색은 이후 풍경의 배경이 됐다.

풍경에 대한 이미지를 이야기한 후에는 배경이 될 만한 작품을 선택했다. 이 부분은 다른 수업에서 파스텔을 통해 다양한 색을 표현했던 작품을 활용해서 모둠에서 이야기 나눴던 색과 느낌이 비슷한 작품을 선택하게 했다. 이때, 몸짓을 표현하거나 누군가의 앞에 나서서 보여주는 하는 활동을 어려워하는 아이들이 있는데, 그런 성향의 아이들에게 모둠의 이야기를 수렴해서 작품을 선택하게 하여 참여의 경험을 주었다. 그래서 단상 위(발표 무대가 되는 공간)에 전시대를 설치하고 작품을 올려놓아서 자연스럽게 아이들이 단상 위로 올라와 작품을 선택하게 했다. 어떤 작품을 선택할지 호기심 가득하게 지켜보는 친구들 앞에서 말이다.

배경작품을 선택하는 장면

○ 몸짓과 말로 표현하기

앞선 활동에서 아이들이 나눴던 풍경의 이미지(날씨, 장소, 주변에 보이는 것들 등)가 표현의 재료가 된다고 했다. 그것을 바탕으로 아이들은 하나의 이야기를 만들었다. 여기서 이야기는 거창한 것이 아니라 소리를 배경으로 풍경을 소개하는 내용 정도로 생각하면 되겠다. 먼저 역할을 정했다. 소리를 다시 들으면서 이야기 나눴던 풍경에서 나는 누구인지, 무엇을 하고 있는지, 기분은 어떤지 등을 상상했다. 모둠원이 같이 하나의 이야기를 만들어보면 좋겠지만 그것은 아이들의 여건과 수준에 맞게 조절하면 되겠다. 함께 이야기 만들기를 시도했지만 순회 과정에서 어려움을 느끼는 것 같아 풍경 속에서 각자의 역할을 표현하는 것으로 방향을 바꿨다. 수업 중간이라도 상황에 맞게 내용이나 방법을 수정하는 것도 필요하다. 그러기 위해서 교사는 아이들의 활동 과정을 자세히 관찰하고 그때마다 필요한 지원을 해줘야 한다. 그래서 활동 중심이나 학생 중심 수업이 쉽다고 말하는 것은 적절하지 않은 말이다. 과정에 더 깊숙하게, 더 세심하게 쉴 틈 없이 관찰하고 지원해야 하기 때문이다. 그런 면에서 일제식 수업은 제일 편하고 쉬운 수업일 것이다.

활동 과정에서 아이들을 지원하는 장면

역할을 정한 후에는 몸짓을 떠올렸다. 몸짓 표현은 흉내 내기이다. 내가 생각한 역할을 따라 했다. 예를 들어 개구리가 뛰는 장면을 표현하기 위해서 몸을 숙이고 구부렸다가 앉은 채로 펄쩍 뛰는 모습을 흉내 냈다. 혹은 움직이지 않는 사물을 흉내 낼 수도 있다. 나무나 바위, 집 같은 경우 움직임은 없으나 자신의 신체를 이용하여 모양을 흉내 냈다. 아이들은 이 과정에서 자신의 신체를 느껴보고 집중하는 경험을 하게 된다.

몸짓 표현 연습 과정

몸짓 표현을 연습하고 바로 발표해도 좋다. 소리가 있고 배경이 있고 풍경을 채워줄 수 있는 아이들의 몸짓이 있어서 이 자체로도 충분한 여름 풍경이 된다. 아이들이 잘 따라오자 욕심이 났다. 아이들의 느낌과 생각을 말로 담고 싶었다. 몸짓을 표현하면서 그 역할에서 하고 싶은 말을 한마디씩 하게 했는데 어떤 모둠은 서로 말을 이어붙이기도 하고 대화를 하기도 했다.

이제 발표할 시간이다. 수업 장소가 공개수업을 하는 곳이라 프로젝터와 큰 스크린이 준비되어 있었다. 스크린에 아이들이 선택한 배경 작품을 띄우자 그 앞은 자연스럽게 무대가 되었다. 발표할 때는 모둠원이 한꺼번에 무대에 올라 표현하지 않고 한 사람씩 순서대로 등장하면서 표현을 하게 했다. 가능하면 각자의 표현을 온전히 보여주고 싶었기 때문이다. 아이들은 스크린 밖에 줄을 서고 있다가 순서대로 등장하며 자신의 몸짓과 말로 표현했다. 발표하는 동안에 모둠의 소리를 함께 들려줬다. 발표하는 친구들을 보면서 아이들은 소리와 몸짓, 색을 함께 보며 여름 풍경을 감상했다. 아이들은 공감각적인 경험을 하게 된다.

발표 사진을 보면 색 스카프를 볼 수 있는데, 몸짓 표현이 어렵고 부담이 되는 아이들은 자신의 역할이나 느낌에 어울리는 색 스카프를 선택해서 역할을 표현하게 했다. 한결 편안하게 표현했다. 다만, 주의할 점은 아이들은 한 사람이 뭔가를 하기 시작하면 따라 하려는 경향이 있다. 한 명이 색 스카프를 선택해서 크게 흔드는 모습을 보면 자기도 하고 싶어서 몸짓 연습을 하다가 말고 전부 색 스카프를 선택하려고 하는 경향이 있다. 그래서 사용을 할 때는 상황을 잘 고려하면 좋겠다.

소리풍경 발표 장면

○ 글자 나라 여름 풍경 표현하기

마지막 활동은 몸짓과 말로 표현을 했던 여름 풍경을 캘리그램을 이용하여 표현하는 활동이었다. 전 시간에 발표했던 풍경이라 대상이나 배경

등은 쉽게 떠올릴 수 있었다. 다만, 캘리그램을 이용하여 풍경의 특징을 나타내야 하는 부분이 중요하기 때문에 그 부분에 대한 안내와 생각할 시간을 충분히 줬다. 그림 크기도 학년의 수준을 고려해서 16절지를 사용하고 그림을 그리거나 색을 칠하는 것보다는 캘리그램 표현에 집중할 수 있게 했다.

표현을 하기 전에 '한글 선비의 초대'에 사용했던 캘리그램의 예시를 보여주고 모둠별 소리를 들었다. 각자가 표현하고 싶은 여름 풍경 중에서 가장 강조하고 싶은 부분을 떠올리고 캘리그램으로 표현하고 싶은 것을 정했다. 캘리그램으로 연습할 시간을 충분히 주고 자율적으로 풍경을 표현하게 했다. 먼저 연필로 표현을 하고 완성이 되면 서로에게 무엇을 표현했는지 이야기를 나누게 했다. 그 과정에서 서로 도움을 주고받는다. 물론 완성 후에도 서로의 작품을 보고 나눌 수 있는 시간이 필요하다. 갤러리 형태로 나눠서 작품을 소개하고 나누는 시간을 가졌다.

여름 풍경 작품

🐾 수업을 돌아봐요

- 뒤돌아 생각해보니, 초등학교 1학년 수업에 정말 많은 것을 적용하고 시도해보았다는 생각이 든다. 소리를 관찰하고, 몸짓을 표현하고, 레터링

아트를 활용하여 그림 글자를 만들어보기도 했다. 이런 노력이 아이들에겐 큰 부담이 되었을지도 모르겠다. 그럼에도 함께했던 아이들은 진지하고 즐겁게 수업에 참여해 주었다. 정말 감사할 일이다. 그래서인지 길지 않은 교직생활에 처음 맡았던 1학년 아이들이 기억에 많이 남는다. 많은 것들을 함께했던 행복한 1년이었다.

- 한글 선비 초대 수업은 아이들에게 수업 활동의 호기심과 관심을 주는 동기유발에 도움이 되었다. 하지만 캘리그램 개념 자체가 수업의 마지막 과정에 진행되어서인지 몰라도 수업 전체 흐름상의 동기유발 자료로는 큰 역할을 하지 못했다. 없더라도 진행이 가능한 활동이었다. 그래서 수업의 과정을 살펴보고 불필요하다면 생략을 하거나 마지막 활동을 위한 도입으로 사용했으면 좋겠다.

- 무대 발표를 할 때 아이들의 말소리가 배경이 되는 소리 때문에 잘 들리지 않았다. 그래서 급하게 마이크를 사용했는데 마이크에 대고 말을 하려다 보니 이번엔 몸짓 표현이 방해됐다. 그래서 몸짓 표현을 하고 나서 말을 하게 했지만 자연스러운 연결은 되지 않았다. 너무 욕심을 낸 결과였다. 아이들의 표현 과정에 집중하기보다는 뭔가를 더 보여줘야겠다는 교사의 욕심이 오히려 표현을 방해하는 꼴이 된 것이다.

- 전체적인 수업의 흐름에 아쉬움이 남는다. 수업 협의에서도 나온 이야기였는데 활동 순서를 다음과 같이 조정하면 어떨까 생각한다.

'한글 선비의 초대' 안내 → 여름 풍경을 나타내는 소리 관찰하기
→ 캘리그램을 이용한 글자 나라 여름 풍경 표현하기
→ 여름 풍경에 어울리는 몸짓과 말 표현하기

이렇게 순서를 조정하면 동기유발로 사용했던 한글 선비의 소재가 바로 캘리그램으로 풍경 그리기와 연결될 수 있다. 그 작품을 몸짓과 말로 표현 하는 배경 작품이 될 수도 있다. 이 순서가 조금 더 자연스러워 보인다. 다만, 마지막으로 옮겨진 몸짓과 말로 표현하는 활동이 소리를 듣고 풍경의 모습을 상상하는 과정인데, 이미 표현된 풍경 그림에 한정이 되어 상상의 과정이 약해질 수도 있겠다는 생각이 든다. 강조점을 어디에 두느냐의 차이가 될 수 있겠다.

손끝에 상상을 담다

🎧 수업을 떠올려요

다양한 감각 중 촉감을 통한 경험으로 물체를 탐색하는 활동이다. 평소에 많이 사용하는 시각을 통해 사물의 특징이나 쓰임을 살펴봤다면 시각을 차단하고 손끝으로 전해지는 촉감을 통해서만 사물을 새롭게 상상해보는 활동이다. 일상에서 쉽게 접할 수 있는 물건도 자주 사용하는 감각이아니면 쉽게 알아채지 못하는 경우가 많다. 이는 매일 보던 물건을 다른 감각으로 보는 것에 익숙하지 않기 때문이다. 그 과정에서 아이들의 상상력을 자극하고 창의적인 표현 경험을 할 수 있다.

또한, 평소 아이들이 쉽게 경험하기 어려운 직업군을 소개하여 관련 직업에 따라 역할을 정하게 하고 싶었다. 그래서 몇 가지 직업에 대한 조사를 예습적 과제로 제시했다.

진로 정보망 커리어넷(Career net)

진로심리검사, 진로상담, 직업정보, 학과 정보, 진로 동영상, 진로교육자료 등 다양한 진로 관련 서비스를 제공하고 있으며, 회원 유형별(초, 중, 고, 대학생, 일반, 학부모, 교사)로 맞춤 서비스를 연결해줘서 편리하다. 초등학생의 경우 '주니어 커리어넷'으로 들어가면 아이들 수준에서 스스로 관련 정보를 파악하기 쉽게 구성이 되어있다.

손으로 관찰하기 → 학자 입장으로 상상하기→ 물체의 전체 모습 표현하기

○ 손으로 관찰하기

과제로 제시했던 직업은 '문화재 보존가, 생명과학 연구원, 고고학자, 우주과학자'였다. 활동 전에 조사한 내용을 모둠별로 공유하는 시간을 주고 어떤 역할에서 물체를 탐색할지 정하게 했다.

아이들이 탐색할 물건은 교실에서 찾았다. 그리고 한 번이라도 사용해본 물건으로 선택했다. 일상의 물건이다. 수업자료로도 사용했던 이어폰 분배기가 눈에 띄었다. 비밀 상자에 미리 물건을 넣어두고 활동을 시작했다. 활동에 들어가기 전에 주제에 대해 안내를 해주고 무엇을 할지 안내했다.

"이 물건은 우리 일상에서 보거나 경험해 본 물건입니다.

누군가는 이 물건을 만지자마자 무엇인지 아는 친구들도 있을 거예요.

그렇지만 오늘은 이 물건이 무엇인지 맞히는 것이 아니라

이 물건이 무엇의 일부분이 될 수 있을지 상상해보는 활동이에요.

단, 여러분이 선택한 직업의 입장에서 이 물건이 무엇이 될 수 있을지 상상해봐요.

여러분의 상상에 따라 이 물건은 무엇이든 될 수 있어요.

상자 안에 있다고 해서 꼭 상자보다 작은 크기라고 생각하지 않아도 됩니다.

크기도 여러분의 상상에 따라 달라질 수 있어요.

촉감을 통해서 알게 된 물건의 특징을 느끼는 그대로

상상의 재료로 사용해 주면 됩니다.

그럼 한 사람씩 나와서 다른 모든 감각은 사라진 채

오로지 손끝의 촉감으로만 물건을 느껴봅시다."

○ 학자 입장으로 상상하기

아이들이 물건을 만지는 동안 다른 감각은 사라진다. 눈도 감고, 말도 사라진다. 오직 촉감을 통해서만 집중하고 곧바로 상상 작업에 들어갔다. 상상의 결과가 나올 때까지 각자의 작업에만 몰두해야 한다. 마치 작은 연구실에 홀로 연구에 집중하는 학자처럼 말이다. 물건을 더 만지고 싶은 아이들은 다시 나와서 차례대로 만져보게 했다. 이리저리 자세히 만지다 보면 실제 이 물건이 무엇인지 눈치를 챘다. 하지만 그것이 무엇인지는 이제 중요하지 않다. 촉감을 통해 떠올린 작품 결과를 어떻게 친구들에게 선보일지가 목표가 되기 때문이다.

활동지 앞장에는 촉감을 통해 처음 물건을 느꼈을 때의 모양이나 느낌을 떠오르는 대로 적게 했다. 모양이나 표면의 느낌, 딱딱한 정도 등 촉감을 통해 얻은 정보를 그림이나 글로 표현하게 했다. 그것을 바탕으로 상상 작업에 들어갔다.

'내가 느낀 것의 정체는 무엇일까? 이것은 무엇의 일부분일까?'

○ 물체의 전체 모습 표현하기

상상 작업을 통해 떠오른 것을 뒷장에 그리게 했다. 내가 파악한 정보를 바탕으로 상상의 결과물을 여러 차례 수정하며 완성해갔다. 자신이 만든 결과물에 간단한 설명을 적기도 하고 물건에 관한 이야기를 떠올리기도 했다.

난 아이들의 모습에 놀랐다. 내가 미처 예상하지 못한 반응들 때문이다. 촉감을 통해 느낀 점들을 새로운 것으로 상상하고 표현하는 것만 생각했는데, 자신의 결과물을 친구들에게 한 편의 이야기처럼 소개하는 것이 놀라웠다. 아이들은 물건 자체에 대한 상상이 아니라 물건을 통해 새로운 세계에 관한 이야기를 상상하고 있었다. 내가 아이들에게 바랐던 상상의 크기보다 아이들은 훨씬 더 큰 상상을 하고 있었다. 교사는 이럴 때 아이들에게 배우고 깨닫게 된다. 가르치고 배우는 관계가 아니라 함께 배우고 성장하는 경험이었다.

전체 발표 시간에는 상상 결과물 작품을 화면에 띄워 소개했다. 같은 직업을 선택하였어도 어떤 특징에 집중하여 상상하였는지에 따라 만들어 낸 작품은 다양하고 기발했다.

문화재 보존가를 선택한 아이는,

"이 그림은 신비의 바다를 항해하는 해적선의 모습입니다.

아주 옛날에 모든 바다를 다니며 유명했던 해적선이 바다에 침몰해서

오랫동안 바다 밑에 가라앉아 있었는데 그 해적선을 조사하다가

해적들이 바다에서 운전할 때 쓰는 핸들(㉑)을 발견해서

원래대로 다시 만들어 보존하고 있습니다."

이어폰 분배기의 모양을 배의 방향을 조정하는 핸들인 '키'를 떠올려 표현한 것이었다. 그림을 보면 여러 해적의 모습에서 또 다른 이야기가 펼쳐질 것 같은 느낌이었다.

고고학자를 선택한 아이는 지금은 사라진 신비의 동물을 창조해냈다.

"제가 찾은 동물은 아주 오래전에 멸종되어서 지금은 볼 수 없는 동물입니다.
가운데에 몸이 있고 몸의 여러 군데에 길고 큰 날개들이 달려있습니다.
날개는 검은색 깃털이 또 달려있어서
이것으로 멀리 날아다니기도 하고 적을 공격하기도 합니다.
이 동물은 용보다 더 오래됐고, 금빛을 비추면서 하늘을 날아다닙니다."

물론 모두가 이런 상상을 하는 것은 아니었다. 그리고 꼭 모두가 이런 상상을 해야만 하는 것도 아니다. 자신이 느낀 그대로를 다른 관점으로 생각해보는 과정을 경험하는 것 자체가 중요하다. 상상이라고 해서 무조건 창의적이고 거창한 결과물을 만들어 내야 하는 것은 아니다.

"상상의 첫걸음은 처음 내가 서 있던 자리에서
한 걸음 옆으로 옮겨 서 있는 것과 같다."

내가 서 있는 자리가 바뀌면 내가 보는 방향도 바뀐다. 기존에 내가 바라보던 시선에서 한 걸음만 옮겨 바라보면 이전과는 다른 방향, 다른 관점을 보여준다. 상상은 그런 관점의 변화에서 시작한다. 그래서 그 변화의 정도가 다른 사람이 보기에 충분하지 않다고 해서 상상을 하지 않은 것이 아니다. 다른 관점으로 바라보고 표현한 것만으로도 이미 충분한 상상을 한 것이다.

그런 점에서 한 아이가 원래 물건이었던 이어폰 분배기의 모양을 그대로 그러놓고 각각의 다리에 여러 가지 기능이 연결된 독특한 기계를 소개했다. CCTV도 있고 휴대전화 충전도 되고 나무를 자를 수 있는 가위도 연결되었다. 빨대가 연결되어 물도 마실 수 있다. 이어폰 분배기의 기능을 그대로 살려 무엇인가와 연결되는 기능을 표현한 것이다. 이 작품을 소개할 때, 한 아이가

"그건 상상이 아니잖아. 원래 물건이랑 비슷하네."

라고 말한 게 기억이 난다. 이럴 때 우리는 그 아이에게 어떤 말을 해줘야 할까? 발표한 아이는 상상을 한 것이 아닐까? 발표한 아이나 상상이 아니라고 말한 아이에게 상상에 대한 충분한 안내가 되지 않으면 둘 모두에게 바르지 못한 상상의 개념을 전해주게 될지도 모를 일이다. 사소한 듯하지만 가볍게 넘겨서도 안 될 일이다.

손끝에 상상을 담은 작품

🐾 수업을 돌아봐요

- 구성 자체를 보면 크게 특별한 것이 없는 수업 흐름이다. 물건을 손으로

만 만져보고 '무엇일까?' 상상하여 그리는 과정이다. 과정은 쉬운 흐름이고 아이들도 한 번쯤은 경험해봤을 법한 내용일 수 있겠지만 새롭고 특별한 경험을 할 수 있도록 과정을 재구성하는 것도 중요하다. 난 그 특별함을 위해 직업과 연결하여 상상의 방향을 정해주고자 했다. 막연하게 내 느낌대로 상상하는 것 대신에 특별한 사람이 되어 경험하게 하고 싶었다.

- 다음에 이 수업을 한다면 대상이 되는 물건 선정에 더 고민하게 될 것 같다. 이어폰 분배기도 나쁘지는 않았지만, 모양이 다른 물건과 비슷하지 않아 인상적이었던지 촉감보다는 물건 자체의 특징에 집중하는 경향이 있었다. 그래서 다시 선택한다면 상상의 폭이 넓은 모양의 물건을 선택해야겠다는 마음이 들었다. 기능이나 특정 모양이 강하게 느껴지는 물건은 감각을 방해하므로 피하는 게 좋겠다.

향기에 마음을 담다! 시를 담다!

🔍 수업을 떠올려요

서울로 워크숍을 간 적이 있다. 혁신학교를 방문하고 오후에 공연을 보러 공연장을 찾았다. 시간 여유가 있어서 공연장과 연결된 다양한 시설을 둘러보는데 눈에 띄는 것이 있었다.

향수였다. 그런데 특이한 향수였다. 시인의 작품을 담은 향수였다. 그것도 윤동주의 시 '별 헤는 밤'을 담은 향수였다. 매년 아이들과 함께 '하늘과 바람과 별과 시'라는 제목의 윤동주 프로젝트를 진행하는 나에게 윤동주의 시를 담은 향수는 정말 눈이 휘둥그레지게 했다. 이런 게 있었다니! 흥분과 함께 상품이 놓인 코너를 이리저리 살폈다. 책에 뿌리는 향수, 북퍼퓸을 모아놓은 코너였다. 윤동주뿐 아니라 김소월, 정지용, 백석 시인 등의 작품이 소개되어 있었다. 모든 게 신기했다. 북퍼퓸이라는 것도 신기했고, 시인의 작품을 향수로 표현한 것도 신기했다.

워크숍에서 돌아와서도 윤동주의 향수가 머릿속을 떠나지 않았다. 시를 향기로 표현했다는 게 너무 멋졌다. 이것을 어떻게 수업과 연결할 수 있을지 고민했다. 평소 생활하면서 주변에서 미적체험과 관련된 것들이 있으면 휴대전화 메모에 적어두거나 사진을 찍어두는 습관이 있다. 그리고 나중에 메모를 살펴보면서 수업의 아이디어로 많이 활용한다. 지금도 휴대전화에는 60여 개

윤동주 별헤는 밤 북퍼퓸
(출처: 글입다 공방)

의 메모가 남아있는데, 윤동주의 향수는 메모도 필요 없이 강렬하게 다가왔다.

그런데 평소 향이나 냄새를 잘 맡지 못하는 나에게는 어려운 고민이었다. 북퍼퓸에 적힌 여러 가지 향을 나는 맡을 수 없어서 어떤 느낌으로 향기를 아이들에게 전달해 줄 수 있을지 감이 잘 오지 않았다.

그래서 북퍼퓸이 만들어지는 과정을 찾아봤다. 책에 뿌리는 향기라는 콘셉트로 문학과 향기를 연결했다. 윤동주의 별 헤는 밤의 향기와 정지용의 호수의 향기는 다르다. 시의 작품에 어울리는 향을 만들었기 때문이다. 각각의 향기는 한 가지 향으로만 이루어진 것이 아니라 기본적으로 세 가지 이상의 향이 모여 하나의 향기를 완성한다. 본래 향수를 만들 때 기본적으로 '베이스, 미들, 탑'이라는 별개의 향이 일정한 비율로 혼합되어 하나의 향을 만든다.

이러한 특징을 수업과 연결 지었다. 매년 아이들과 윤동주 시 프로젝트를 진행하는 중이어서 그 흐름 속에서 자연스럽게 윤동주와 향기를 연결할 수 있었다. 북퍼퓸의 향기를 통해 향에 대한 감각을 체험하면서 윤동주의 별 헤는 밤, 이육사의 절정, 김소월의 진달래꽃을 향기와 함께 느끼고 알아보는 수업을 준비했다.

📌 수업을 실천해요

향기에 색을 입히다 → 작품에 향기를 담다

○ 향기에 색을 입히다

일상에서 향을 맡는 경험은 얼마나 익숙할까? 특정한 향기를 맡고 무슨 향이 나는지 떠올리고 향의 느낌을 이야기하는 것으로 이 활동은 시작한다. 아이들에게 시향지를 하나씩 나눠주고 미리 준비한 북퍼퓸을 종류별로 올려놓는다.

'윤동주의 별 헤는 밤, 이육사의 절정, 김소월의 진달래꽃'

준비한 향기의 이름이다. 세 가지 향기를 두 모둠씩 나눠서 맡게 할 예정이다. 아이들에게는 향기의 이름을 말해주지는 않았다. 향이 담긴 병을 보여주며 세 가지 향기를 준비했고 두 모둠씩 다른 향기를 경험해볼 것이라고만 안내했다. 차례로 모둠을 돌면서 시향지에 향을 뿌리고 살며시 흔들며 어떤 향이 나는지 떠올리게 했다.

처음 이 수업을 진행했을 때는 시향지 대신에 각자 손수건을 준비해오라고 해서 손수건에 향을 뿌려주었다. 그랬더니 손수건에 따라 향이 나는 정도가 달랐고 손수건에 여러 차례 향을 뿌리고 흔들다 보니 향이 너무 퍼져 오히려 향을 느끼는 데 어려움이 있었다. 그 후 시향지를 준비해서 최소한의 양으로 향을 뿌려주고 좀 더 간편하게 향을 느낄 수 있었다.

아이들은 각자 떠오르는 향을 친구들과 이야기를 나누는데 복숭아, 딸기 등의 과일 향이 난다고도 하고 민트향처럼 꽃향기가 난다고도 했다. 어떤 아이는 향이 나는데 무슨 향인지 모르겠다고도 했다. 향에 민감한 아이는 여러 향이 난다고도 했다. 이러한 반응은 평소 자신의 경험과 관련이 있을 것이다. 비슷한 향을 맡아본 경험, 무슨 향인지 알 정도로 익숙한 향일 수도 있다. 이처럼 처음 향기를 느낄 때는 무슨 향인지에 초점을 맞춰서 이야기를 나눴다. 실제로 제조된 향의 종류를 살펴보면 대부분 향이 아이들이 말한 향과 비슷했다. 평소 향을 잘 맡지 못하는 나에게 그런 아이들의 모습은 신기하고 대단해 보였다.

향을 느끼는 아이들의 모습

무슨 향이 나는지 이야기를 나눈 후 그와 비슷한 향을 맡았던 자신의 경험을 이야기 나눴다. 주말에 가족들이랑 과일을 먹었을 때와 비슷한 향, 특정 음료를 마실 때 향, 차 안에서 껌을 씹을 때 맡았던 향 등 여러 경험을 향으로 표현했다. 같은 향을 맡아도 다른 향을 느끼고 서로 다른 경험을 이야기했다.

향의 특징을 표현하는 모습

그렇게 향에 대한 경험을 나누고 모둠별로 향기의 특징이나 경험, 향을 맡았을 때 떠오르는 느낌 등을 모둠판에 적게 했다. 완성한 모둠판을 같은 향끼리 묶어서 칠판에 붙이고 같은 향끼리, 다른 향끼리 비교하며 경험한 향기에 대해 살펴봤다.

 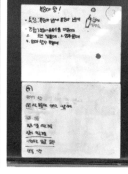 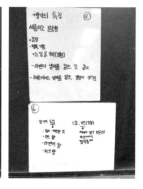

모둠별 향기의 특징 표현

향기의 특징을 관찰한 다음에는 향수병 디자이너가 된다. 몇 가지 향수병을 예시로 보여주며 향수병을 디자인하는 방법을 이야기해 줬다. 내가 준비한 투명 공병은 모양이 일정해서 여러 가지 모양의 향수병을 표현하기는 어려웠다. 그래서 아이들은 색을 표현할 때 원하는 모양이나 특정 무늬를 만들어 넣어 자신만의 향수병을 디자인했다. 아이들은 색과 모

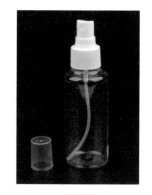

투명 공병

양 모두 향기의 특징을 표현하려고 애를 썼다. 그사이 아이들은 자신도 모르게 향을 맡았을 때의 느낌과 경험에 어울리는 것들을 떠올리고 있었다.

향이 한 가지가 아니듯 색이나 모양도 여러 가지로 표현되고 있었다.

향기에 색을 입히는 방법 향기의 특징 → 느낌과 경험→ 색, 모양(형태) 무늬 표현

이런 활동을 통해 우리는 자꾸만 아이들의 감각을 느낌이나 경험과 연관 지어 이야기하게 된다. 사실 아이들은 매일 감각하고 자신의 감각을 통해 세상과 만나고 일상을 바라보고 있다. 단지 자신의 감각에 집중해보거나 표현해보는 경우가 많지 않을 뿐이다. 특정 감각에 대해 진지하게 관찰하고 느껴지는 감정을 들여다봄으로써 자신의 감정이 어디서부터 나오는지 알게된다. 그 감정을 예술을 통해 표현함으로써 아이들은 예술에 대한 '미적 감각'과 '예술적 감성'을 키워갈 것이다. 그런 점에서 본다면 결국 우리가 예술교육을 통해 얻고자 하는 '심미적 감수성'이라는 것도 예술 활동을 통해 기르는 기능이나 실력에 의한 것이 아니라 감각을 통한 느낌과 경험에서 시작된다는 것을 알게된다. 그리고 자신의 느낌과 감정에 대한 이해는 곧, 자기 자신에 대한 발견의 경험이 되기도 한다. 그러한 발견의 경험이 아이들의 감성으로 자라나게 되는 것이다. 미적체험이 갖는 중요한 역할이자 힘이 아닐까 생각한다.

디자인한 향수병을 친구들에게 소개하며 향수의 이름과 그렇게 지은 까닭도 함께 소개하게 했다. 주로 향기의 특징이나 자신이 표현한 색이나 모양과 연관된 이름을 짓는 편이었다. 우리 반 아이들은 이름을 지을 때 꾸며주는 말을 자주 넣어 짓곤 하는데 아마도 뒤에서 소개할 그림책 관련 프로젝트의 영향일지도 모르겠다. 아무튼 아이들의 작품을 친구들에게

소개하고 다음 활동을 위해 작품들을 창가에 진열해놓았다. 투명 공병이어서 그런지 창가에 햇살이 들어오면 스테인드글라스로 표현한 것처럼 보이기도 해 전체의 공병들이 하나의 작품처럼 보였다.

○ 작품에 향기를 담다

첫 번째 활동을 마무리하기 전에 아이들이 맡았던 향기의 실제 이름과 북퍼퓸에 대해 소개했다. 그리고 각자가 맡았던 향수의 작가와 작품을 조사하는 과제를 제시했다.

두 번째 활동은 작품에 향기를 담는 활동이었다. 이 활동을 하기 위해서는 먼저 북퍼퓸에 대한 이해와 향수를 만드는 사람, 조향사 또는 퍼퓨머(perfumer)에 대한 이해가 필요하다. 아이들에게 북퍼퓸과 퍼퓨머에 대해 간단히 소개했다. 조향사나 퍼퓨머 모두 아이들에게는 생소한 단어이면서 향기를 만든다는 것 자체에 매우 흥미로워했다. 특히, 퍼퓸 오르간(perfume organ)에 대한 흥미가 높았다. 실제 모습을 보면 다양한 향을 담아둔 병들을 꺼내기 좋게 볼 수 있도록 만들어 놓은 진열대의 모습이 마치 여러 건반으로 둘러싸인 성당의 오르간처럼 보인다. 그래서 퍼퓨머가 그곳에서 마치 연주자가 여러 건반을 동시에 사용하며 오르간을 연주하듯 퍼퓨머도 다양한 향을 사용하여 멋진 향을 연주하는 듯한 모습이 떠오른다. 아이들도 비슷한 느낌이 들었는지 모습을 보며 정말 오르간처럼 생겼다는 말로 관심을 보였다.

북퍼퓸과 퍼퓨머의 소개로 흥미가 높아진 아이들에게 실제 향수와 작품을 연결 짓게 하였다. 퍼퓨머가 담았던 실제 향이 무엇인지 안내해 주고 질문을 했다.

퍼퓸 오르간(perfume organ), 또는 fragrance organ이라고도 한다.

"퍼퓨머는 윤동주의 별 헤는 밤이라는 작품을 향기로 표현하기 위해
방금 안내한 향을 담았는데 왜 그 향을 담으려고 했을까요?"

"퍼퓨머는 윤동주나 그의 작품에서 무엇을 향기로 담으려고 했을까요?"

퍼퓨머가 작품을 향기로 표현하기 위해서 무슨 생각을 했는지, 작품의
어떤 특징을 향기로 표현하고 싶었는지, 그러한 향기를 선택한 까닭은 무엇
인지를 다양하게 상상해보는 과정이다. 아이들은 각자 조사해온 시의 특
징을 바탕으로 퍼퓨머의 의도를 떠올렸다. 향을 다시 맡아보며 퍼퓨머의
입장에서 향을 느끼고 의도를 고민한다. 각자의 생각을 허니컴 보드에 적
어보고 모둠별로 생각을 나눴다.

모둠별 퍼퓸머의 의도 모음

아이들은 향기뿐 아니라 시인과 작품에 대해서도 함께 이해하는 활동을 했다. 부족한 부분이 있으면 태블릿이나 개인 휴대전화를 사용하여 자료를 더 찾아봤다. 작품에 대한 이해를 바탕으로 이제 내가 만약 퍼퓸머라면 어떤 향기를 만들고 싶은지 상상하게 했다.

"여러분이 퍼퓸머라면 어떤 향기로 북퍼퓸을 만들고 싶나요?

작품과 어울리는 향기를 떠올려보고 자연에서 향기의 재료를 찾아보세요."

다음 시간에 아이들은 각자 준비한 재료를 가지고 실습실에 모였다. 대부분 꽃, 과일, 나뭇잎 등 식물이나 식자재로 사용할 수 있는 것들을 가지고 왔는데 같은 작품이어도 크게 겹치지 않는 재료를 준비해온 것이 눈에 띄었다.

전문적으로 향기를 만드는 과정을 체험해보면 좋겠지만 그러한 여건이 안 되어 아이들이 할 수 있는 범위에서 가능한 방법을 안내했다. 진짜 향수를 만드는 과정과는 차이가 있지만 나름대로 자신만의 향을 만드는 과정이라고 생각하며 집중해서 참여했다.

재료 소개하기 → 재료 다듬기(잘게 썰기, 갈기, 빻기) → 향수병에
물과 함께 담기

나만의 향기를 만드는 과정

완성한 향수병을 가지고 이제 자신의 브랜드를 만들어 작품을 소개하는 시간을 가졌다. 향수의 이름, 향기의 특징, 작품과의 관련성 등을 소개하는 활동지와 소개 코너를 만들어 작품 전시회를 열었다. 아이들은 각자의 코너에서 퍼퓸머가 되어 그동안의 체험과정과 자신의 향기를 소개했다. 전시회를 찾은 아이들은 자유롭게 여러 코너를 돌며 특별한 향기를 관람했다.

이러한 공유의 시간을 통해 아이들은 자신의 작품을 표현하는 데 그치지 않고 직접 설명하고 전달하는 것까지가 작품 표현의 완성이라는 것을 경험하게 된다. 작품을 통해 전달하려고 했던 자신의 느낌과 생각을 말할 기회를 주는 것이다. 전시회가 끝나면 교실에서 작품을 전시하는 공간에 아이들의 작품을 진열해놓았다.

나만의 향수 진열

🐾 수업을 돌아봐요

- 북퍼퓸이라는 제품에서 아이디어를 얻어 수업으로 연결했다는 점에서 일상에서 예술을 발견하고 느끼는 기회가 되었다고 생각한다. 내가 준비한 수업의 많은 부분은 일상의 물건이나 책의 내용에서 얻기도 하고, 공연이나 전시와 같은 예술 활동에서 또 다른 예술언어를 발견하기도 한다.

- 향을 맡는 과정에서 처음에 손수건을 사용했던 것이 일상의 물건을 사용한다는 점에서 괜찮다고 생각했는데 활동을 해보니 문제점도 있었다. 수업을 하기 전에 내가 직접 사용해봤다면 미리 문제점을 발견할 수도 있었는데 그러지 못한 것이 아쉽다. 교사가 수업자료를 선택할 때 자료의 성격이나 활용에 대해 더 고민해볼 필요가 있는 부분이다.

- 수업의 전반적인 과정이 아이들에게 쉽지 않은 활동이었다. 북퍼퓸에 대해 이해하고 향기라는 생소한 감각에 대해 익숙해지는 과정이 필요했다.

또한, 문학 작품과도 연결하여 퍼퓨머가 되는 과정도 쉽지 않은 과정이다. 향기라는 감각을 다양한 활동으로 경험시켜주기 위한 노력일 수 있지만, 아이들의 수준과 특성에 맞춰 활동 내용을 조절하는 것도 필요하다.

리듬에 몸짓을 담다

🎧 수업을 **떠올려요**

극장에서 '엑시트'라는 영화를 보다가 '아~하!'하며 아이디어가 떠올랐다. 구조대를 향해 휴대전화 불빛을 깜빡이면서 '따따따 따아따아따아 따따따'를 외치며 구조 신호(SOS)를 보내는 장면에서였다. 모스부호를 외치는 모습에서 예술 요소인 '리듬'을 발견했다. 음의 반복과 정지, 음의 길고 짧음을 이용하여 표현하는 모스부호가 리듬 그 자체라는 생각이 들었다. 더군다나 이 장면이 인기를 얻어 '따따따 댄스'까지 나와 춤으로 연결되는 모습을 보고 더없이 좋은 리듬 수업이 될 거라 생각했다.

'따따따 댄스'처럼 모스부호를 듣고 리듬을 발견해서 그 리듬에 어울리는 몸짓을 만드는 작업은 몸짓의 기본적인 요소 역시 리듬이라 자연스럽게 모스부호와 연결될 수 있다. 모스부호 표를 보면서 아이들에게 어떤 모스부호를 제시하면 좋을지, 모스부호에 어떤 의미를 담으면 좋을지를 고민했다. 떠오르는 낱말들을 모스부호로 바꿔보며 수업의 흐름을 정리해 나갔다.

🔖 수업을 **실천해요**

> 리듬 발견하기 → 모스부호 관찰하기 → 몸짓 상상하기 → 몸짓 발표하기

○ 리듬 발견하기

구조 신호인 SOS 신호음을 아이들에게 들려준다.

'따따따 따아따아아따아 따따따'

신호음을 듣고 알 수 있는 것이나 들어본 경험이 있는지 물어본다. 고개를 갸우뚱하는 아이들이 많았다. 다시 한번 들려줬다. 이번엔 리듬 막대를 치며 SOS 신호음을 들려줬다. 사실 여기까지 들려줬을 때 구조 신호라는 것을 맞힌 아이들이 없었다. 영화에서처럼 신호음을 구음으로 부르며 들려줬을 때 그제야 아이들은,

따따따 댄스 영상 장면

"아~ 이거! 영화 엑시트에서 나왔던 거네!"

라며 누가 시키지도 않았는데 어떤 장면에서 누가 어떻게 이 신호를 외쳤는지 말꼬리를 물며 영화 이야기로 빠졌다. 한창 영화가 상영 중일 때라 언제 누구랑 어디서 영화를 봤는지까지 자신들의 경험 이야기에 정신이 없었다. 새삼 아이들의 경험에 밀접한 소재를 활용한 수업이 얼마만큼이나 관심과 집중을 가져오는지 느끼는 순간이었다. 다만, 수업 의도에서 쉽게 벗어나 버린다는 단점은 있었다.

'따따따 댄스' 영상을 보여줬다. 누가 먼저랄 것도 없이 신호음을 따라 하며 어떤 아이는 춤을 추기 시작했다.

"영상에서 무엇을 발견했나요?"

영화의 내용을 잘 알고 있던 터라 'SOS를 춤으로 만들었어요, 구조 신호로 춤을 추고 있어요.' 등 수업의 의도와 관련된 대답을 하는 아이들이 제법 있었다.

"그런데 처음에 들려줬던 신호음에서는 SOS라는 것을 왜 몰랐을까요?"

영화에서는 '따따따'라고 외쳐서 바로 알 수 있었는데 구조 신호음은 들어보지 않아서 몰랐다고 했다. 아이들은 경험적으로 '따따따 댄스'가 SOS를 의미하는 것은 알지만 구조 신호음에서 특징을 발견하지는 못한 것이다. 그래서 다시 구조 신호음을 들으며 신호음의 특징을 찾아보게 했다.

"소리가 중간에 달라져요."
"앞에는 빨리 가다가 중간에 느려졌다가 다시 빨라져요."

소리가 9번 나왔다거나 전자음 같다는 대답도 많았다. 의도에 관련된 대답은 위와 같은 대답이다. 실제 소리가 달라지지는 않는다. 음의 길이가 달라진 것을 소리가 달라졌다고 표현한 것이다. 빨리 가다가 느려진다는 표현도 음의 길이가 길어져 소리가 느려진다고 생각한 것이다. 리듬이라는 용어를 사용하여 정확히 설명하지는 못하지만, 아이들이 발견한 것은 모두 리듬에 대한 개념을 말하고 있다. 어느 정도 리듬을 이해하고 있는 것이다.

리듬 막대를 사용하여 리듬의 특징을 발견할 수 있도록 몇 가지 예시를 들려주며 음의 길고 짧음에 대해 비교하고 차이를 발견해나갔다. 그리고 우리가 찾은 것을 리듬이라고 안내하며 다시 '따따따 댄스' 영상을 보여줬다. 우리가 찾은 리듬에 따라 몸짓을 어떻게 표현했는지를 찾았다. 즉, 음의 길이에 따라 춤 동작이 어떻게 달라지는지 발견해보는 작업이다. 아이들은 영상을 자세히 살펴보며 음의 길이가 짧을 때는 손뼉만 치는데 음의 길이가 길 때는 팔과 다리를 움직이면서 손뼉을 친다는 것을 발견했다. 리듬과 몸짓의 연결을 이해하기 시작했다. 이제 아이들의 상상력이 추가되어 새로운 '따따따 댄스'를 만들 수 있게 될 것이다.

○ **모스부호 관찰하기**

모스부호 표와 함께 미션을 전달했다. 제시한 낱말을 모스 부호로 바꿔보고 모스 부호를 구음으로 표현해보라는 미션이었다. 모스 부호는 긴 음과 짧은 음 두 가지로 이루어져 두 음의 배열을 통해 의미를 전달하는데,

A	● ■	N	■ ●	1	● ■ ■ ■ ■	ㄹ	● ● ● ■	ㅓ	■ ■
B	■ ● ● ●	O	■ ■ ■	2	● ● ■ ■ ■	ㅁ	■ ■ ● ■	ㅕ	● ● ●
C	■ ● ■ ●	P	● ■ ■ ●	3	● ● ● ■ ■	ㅂ	● ■ ■	ㅗ	● ■
D	■ ● ●	Q	■ ■ ● ■	4	● ● ● ● ■	ㅅ	■ ■ ●	ㅛ	■ ● ■
E	●	R	● ■ ●	5	● ● ● ● ●	ㅇ	■ ● ■	ㅜ	● ● ● ●
F	● ● ■ ●	S	● ● ●	6	■ ● ● ● ●	ㅈ	● ■ ■ ●	ㅠ	● ■ ■ ●
G	■ ■ ●	T	■	7	■ ■ ● ● ●	ㅊ	● ■ ● ●	ㅡ	■ ■ ●
H	● ● ● ●	U	● ● ■	8	■ ■ ■ ● ●	ㅋ	■ ● ■	ㅣ	● ● ■
I	● ●	V	● ● ● ■	9	■ ■ ■ ■ ●	ㅌ	■ ■ ● ■	ㅐ	■ ● ● ● ●
J	● ■ ■ ■	W	● ■ ■	0	■ ■ ■ ■ ■	ㅍ	■ ● ● ■	ㅒ	■ ■ ● ●
K	■ ● ■	X	■ ● ● ■	ㄱ	● ■ ● ●	ㅎ	● ■ ● ● ●	ㅔ	■ ● ● ■
L	● ■ ● ●	Y	■ ● ■ ■	ㄴ	● ● ■	ㅏ	●	ㅖ	● ● ● ● ● ■
M	■ ■	Z	■ ■ ● ●	ㄷ	■ ● ● ●	ㅑ	● ●	ㅕ	● ● ● ■

모스부호 표

이러한 배열이 자연스럽게 리듬을 형성하고 부호로만 표현된 것을 구음으로 부르면 리듬이 된다.

처음 아이들에게 제시하려고 했던 낱말은 '사랑해, 고마워, 응원해' 등이었다. 그래서 모스부호로 '사랑, 감사, 응원'이나 영문으로 'LOVE, GOOD, LIKE'를 낱말 카드로 만들어 모둠별로 제시하려고 했다. 그전에 우선 리듬에 익숙해지기 위해 간단하게 숫자를 먼저 표현하게 했다. 당시 4학년 2반이어서 4와 2를 모스 부호로 만들고 구음으로 표현하게 했다.

예상했던 것보다 아이들은 숫자를 부호로 바꾸고 구음으로 표현하는데 시간이 오래 걸렸다. 그래서 준비했던 낱말을 제시하는 대신에 숫자를 리듬으로 표현하는 활동으로 전환했다. 오히려 숫자를 모스부호로 표현하는 것이 더 리듬감 있고 나중에 몸짓으로 표현하는 데에도 더 적합했다. 아무리 수업을 열심히 준비했더라도 아이들에게 맞지 않다면 수업 중이더라도 방향이나 수준을 조정하고 자료를 바꿔야 한다는 것을 경험했다.

4					● ● ● ● ▬				
2					● ● ▬ ▬ ▬				
4와 2 연결	●	●	●	●	▬	●	●	▬	▬	▬
구음	따	따	따	따	따아	따	따	따아	따아	따아

아이들은 4와 2를 연결한 모스부호를 보고 리듬을 찾아 소리로 표현했다. 짧은 음은 짧게, 긴 음은 길게 부르면 되는 것인데 부르기가 쉽지 않았다. 일정한 박에 맞춰 부르지 않으면 표현하기 어렵기 때문이다. 기준 박자에 맞춰 짧은 음과 긴 음의 길이를 정해서 불러야 한다. 아이들은 모둠별로 모스부호를 보며 이리저리 불러보며 리듬을 찾으려고 집중했다. 교사는 돌

아다니며 아이들이 리듬을 부르면 어떤 부분을 잘 찾았는지, 어떤 부분을 다시 생각해보면 좋을지를 말해줬다. 정확한 리듬 표현은 다른 모둠의 소리에도 귀를 기울이고 교사의 피드백을 받으며 스스로 찾아갔다. 그러다 한 모둠이 제대로 리듬을 표현하게 되면 아이들은 그 모둠의 리듬 표현을 모방하며 모스부호와 리듬을 연결 지었다.

전체적으로 리듬을 발견하였다면 리듬 막대로 기준 박자에 맞춰 다 같이 리듬을 불렀다. '따따따 댄스'처럼 구음을 '따'로 하여 4와 2를 연결해서 리듬을 불렀는데, 여기서 교사의 도움이 절실히 필요하다. 박자를 생각하면 4와 2를 연결한 리듬은 한 박이 모자라기 때문이다. 아이들이 리듬을 부를 때는 이러한 박자의 개념을 생각하지 않더라도 마지막 한 박을 쉬고 반복해서 부르는 편인데, 기준 박자에 맞춰 다 같이 부를 때는 굳이 박자를 설명하지 않더라도 마지막 쉬는 박에 '쉼'이나 '호' 등 별도의 구음을 넣어서 부르면 자연스럽게 연결이 됐다.

모스 부호	●	●	●	●	▬	●	●	▬	▬	▬	
구음	따	따	따	따	따아	따	따	따아	따아	따아	쉼
박자	\	/	\	/	\	/	\	/	\	/	\	/	\	/	\	/	\	/	\	/	\	/

○ **몸짓 상상하기 & 발표하기**

'따따따 댄스'처럼 리듬에 알맞은 몸짓을 상상한다. 제자리에서 다 같이 따라 할 수 있는 간단한 동작이 되면 좋겠고, 도구를 사용하지 않고 신체만을 이용한다는 조건을 제시했다. 그리고 4와 2는 우리 반을 상징하는 숫자인 만큼 오늘 만들어진 몸짓 중에서 하나를 선택하여 우리 반 몸짓으로 정해보자고 했다.

우리 반 몸짓으로 선정되기 위해 아이들은 독특한 몸짓을 만들려고 노력했다. 하지만 발표를 하고 나면 독특한 몸짓이 크게 중요하지 않다는 사실을 깨닫게 된다. 왜냐하면 아무리 독특한 몸짓이라도 박자와 리듬에 맞지 않으면 몸짓을 선보이다가 멈출 수밖에 없기 때문이다. 완성한 몸짓이 얼마나 리듬에 잘 맞춰서 출 수 있는지가 중요했다. 그러기 위해서는 음의 길이와 몸짓을 표현하는 시간이 비슷해야 했다. 연습하는 동안에 교사는 그런 점을 잘 표현할 수 있게 적절한 피드백을 해줘야 한다. 완성이 끝난 모둠은 4와 2라는 숫자의 의미를 몸짓 중간에 표현해보면 어떨지 물어봤다. 손가락으로 숫자를 표현하기도 하고, 몸짓으로 숫자를 표현하기도 했다.

이제 친구들에게 작품을 선보일 시간이다. 한 모둠이 앞으로 나와 발표를 하면 다른 친구들은 리듬을 불러줬다. 교사는 박자가 빨라지거나 너무 느려지지 않게 조율해 줘야 한다. 아이들이 충분히 몸짓으로 표현할 수 있게 기준 박자를 유도하여 주어야 한다. 아이들은 어느 모둠이 리듬에 맞춰 몸짓을 잘 표현하는지, 누구나 쉽게 따라 할 수 있는 몸짓은 어느 것인지 판단하게 했다. 발표가 끝나면 자기 모둠을 제외하고 다른 모둠 중에서 우리 반 몸짓을 선정했다. 모둠별로 상의한 후 선정한 몸짓과 까닭을 발표하고 선정된 몸짓은 리듬에 맞춰 함께 표현하며 수업을 마무리했다.

몸짓 발표 장면

- 최근에 본 영화 속 내용을 수업으로 가져오니 아이들은 매우 큰 관심과 흥미를 보였다. 대부분 적극적으로 참여하고 모스부호와 몸짓을 연결하는 과정에 재미를 느끼는 모습이었다. 일상이나 작품 속에서 예술 언어를 발견하고 그 아이디어를 수업으로 연결한다면 좋은 미적체험 사례가 될 수 있다는 것을 잘 보여줬다. 그런 점에서 교사는 일상의 모든 것들이 수업의 자료가 될 수 있다는 생각으로 주변을 관심 있게 보는 것도 필요하다.

- 모스부호를 관찰하고 리듬을 발견하는 과정에서 교사가 지나치게 정확한 리듬을 요구하는 것은 좋지 않다. 리듬을 몸으로 경험하기 위한 활동이지 리듬을 기능적으로 익히는 활동이 아니기 때문이다.

- 아이들이 리듬에 맞춰 몸짓을 어느 정도 완성할 때 추가적으로 숫자 4와 2의 의미를 몸짓으로 표현해보면 어떠냐고 안내를 했는데 지금 생각해보면 불필요한 안내였다는 생각이 든다. 모둠이 협의하여 완성한 몸짓을 충분히 연습할 시간을 주는 것이 더 중요하다. 교사의 추가적인 안내로 몸짓이 바뀌거나 다시 협의하는 불필요한 시간이 생겼기 때문이다. 그렇지 않으면 처음 몸짓 상상하기 과정에서 안내해 주는 게 좋겠다.

작품과 놀다!

달빛이 비추는 마을

수업을 떠올려요

아이들이 클래식에 관심이 생기길 바라는 마음으로 학교 중간 활동 시간을 이용하여 클래식을 소개해 주곤 했다. 아이들의 반응도 좋아서 다음 해에는 교육과정으로 편성하여 자율활동 시간을 통해 전교생에게 일 년에 두 차례씩 '해설이 있는 클래식 음악 여행'이라는 이름으로 클래식을 소개해 줬다. 여러 가지 주제가 있었는데 그중에서 '예술가들은 어디에서 영감을 얻었을까?'라는 주제로 소개를 한 적이 있다. 그때 음악가들은 자연을 보고 영감이 떠올라 곡을 쓰는 경우가 있다면서 '달빛'을 소재로 했던 드뷔시와 베토벤의 곡을 소개했다. 그 수업을 하다 문득 아이들은 두 곡을 듣고 어떤 느낌으로 표현할지 궁금했다. 캄캄한 밤하늘에 같은 달이 떠 있지만, 곡의 느낌이 다른 것처럼 달빛을 비추는 마을의 모습도 달라지겠다는 생각으로 달빛이 비치는 마을을 표현해보게 하고 싶었다.

두 음악가의 '달빛' 관찰하기 → 달빛 마을 상상하기 & 표현하기

○ '달빛' 관찰하기

곡을 관찰하기 전에 간단히 음악가와 곡을 소개했다. 클래식 수업을 통해 드뷔시와 베토벤에 대해서 어느 정도 들은 적이 있어서 익숙한 반응이었다.

드뷔시와 베토벤

소개하려는 곡 역시 곡을 들려주면 대부분 '아~'하며 곡을 들어봤던 경험을 표현했다. 사실 곡을 관찰할 때 이런 반응이 나오면 난 곡을 잠깐 멈

춘다. 프롤로그에서도 이야기한 것처럼 아이들이 '아~ 이 곡!'이라고 하는 순간 곡은 사라진다. 곡에 대한 집중보다는 곡을 알고 있다는 생각에 치우치기 때문이다. 그래서 곡을 잠깐 멈추고 아이들에게 이야기한다.

> "이 곡을 아는 친구들이 많이 있을 거예요.
> 그런데 오늘은 이 곡을 얼마나 알고 있는지는 중요하지 않아요.
> 오늘은 이 곡이 여러분에게 어떤 느낌을 전달해 주는지,
> 음악을 들으며 떠오르는 느낌을 알아차리는 것이 중요해요.
> 그래서 오늘은 곡이 여러분에게 무엇을 전해주는지 귀 기울이면 좋겠어요."

잠시 멈췄다가 분위기가 바뀐 것이 확인되면 다시 곡을 들려줬다. 그러면 처음 곡을 들려주었을 때보다 훨씬 더 집중하게 된다.

두 곡을 온전히 다 들려주지는 않았다. 물론 전체를 들으면 좋겠지만, 곡의 세부적인 흐름이 변화하거나 전달하고자 했던 곡의 느낌이 충분하다고 생각되는 지점에서 곡을 멈췄다. 아이들의 집중도와 시간적인 배분도 고려했다.

드뷔시의 달빛과 베토벤의 달빛(1악장)을 차례로 들려주며 떠오르는 것들을 생각나는 대로 친구들과 이야기를 나누게 했다. 곡의 분위기, 특별하게 들렸던 소리나 음색, 느낌 등 자유롭게 이야기를 나누고 다시 곡을 들었다. 다시 곡을 들을 때는 가장 많이 떠오르는 느낌을 찾아보게 했다. 피아노의 음색이나 멜로디에서 느낌을 떠올릴 수 있고, 곡이 주는 분위기나 곡을 감상하는 자신의 모습, 교실의 분위기에서 느낌을 떠올릴 수도 있다. 이런 과정과 함께 곡의 제목처럼 밤하늘에서 자신을 비추는 달빛의 모습에

대한 상상으로 이어진다. 그러한 감정의 연결을 놓치지 않고 다음 활동인 달빛이 비추는 마을을 떠올려본다.

○ **달빛 마을 상상하기 & 표현하기**

곡을 들었을 때 발견한 감정을 그대로 연결하여 달빛 비추는 마을을 상상하게 했다. 드뷔시의 달이 비추는 마을에는 무엇이 있을지, 베토벤의 달빛은 어떤 모양일지. 자신이 느낀 두 달빛과 마을의 모습을 상상하게 했다. 이때는 상상의 과정을 별도로 친구들과 나누는 시간은 갖지 않고 떠오르는 대로 곧바로 캄캄한 도화지에 표현하게 했다. 상상과 동시에 표현을 이어가기 위해서 밑그림 없이 떠오르는 대로 모습을 그리고 색을 채워가게 했다. 가능하면 떠올린 이미지와 표현을 바로 연결해 주고 싶어서였다.

표현하는 동안에 두 곡을 반복해서 들려줬다. 곡이 흐르는 동안 순간순간 새롭게 떠오르는 느낌이나 모습을 이어서 표현하기 위해서다. 캄캄한 도화지가 아닌 흰 도화지에 표현하고 싶다는 아이도 있었다. 밤하늘의 달빛이 아니라 해가 지기 전에 떠 있는 달빛을 표현하고 싶다는 이유였다. 달빛은 캄캄한 밤하늘에만 떠 있을 거라는 생각으로 일제히 검은색 도화지를 준비했었다. 나의 짧은 생각에 경종을 울렸다.

아이들은 다양한 방법으로 달빛과 마을의 모습을 표현했다. 곡에 따라 달의 모양이나 색깔, 크기가 다르기도 하고, 마을의 풍경이나 채워져 있는 구체적인 모습들도 다양했다. 재료의 표현 또한 다양했다. 파스텔을 이용하여 전체적으로 색을 넓게 문질러 표현하기도 하고, 색연필로 수많은 빗금을 채우기도 했다. 두 마을의 표현 모습을 보기만 해도 아이들이 곡을 통해 어떤 느낌을 받았을지가 전해졌다.

순회하면서 자주 발견하는 점이 있었다. 바로 '모방'이다. 어떤 아이가 특별한 방법으로 표현을 하면 그것을 본 주변의 친구들이 그것을 따라 하는 경우를 자주 본다. 이런 경우에 종종 교사는 아이에게 따라 하지 말고 너만의 방법으로 표현해야 한다고 말하는 경우가 있다. 하지만 모방은 잘못된 것이 아니다. 조금만 더 시간을 주고 기다려보자. 친구의 모방으로 시작된 표현 과정이 시간이 지남에 따라 결국엔 자신만의 표현으로 변형된다는 것을 확인할 수 있을 것이다. 아이들은 표현의 과정에서 자연스럽게 자기 생각과 의도를 반영하게 된다. 모방으로 시작해서 자신만의 창의적인 표현으로 발전한다. 비슷하게 표현했지만 무엇을 표현한 것인지 물어보면 분명 차이가 있다. 그래서 난 짝이나 다른 친구의 표현을 따라 하더라도 어떻게 바뀔지 기대가 된다. 표현에 어려움을 느끼는 친구들이 있으면 주변의 작품을 둘러보고 오라고도 한다.

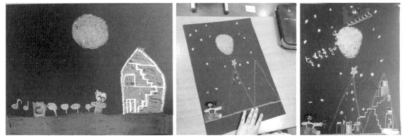

작품을 모방, 변형하여 표현한 작품
왼쪽 그림의 집에 계단을 표현한 것을 모방하여 가운데 그림을 완성했던 아이가
오른쪽 그림처럼 계단을 추가하고 산 모양의 두 개의 트리를 하나의 집으로 변형했다.

표현이 완성되면 모둠별로 자신의 작품을 소개하는 시간을 가졌다. 두 곡을 들었을 때 어떤 느낌이나 감정이 떠올랐는지, 그 감정을 어떤 모습으로 표현하였는지, 작품에서 표현한 내용을 자세히 소개하게 했다. 모둠 소개가 끝나면 돌아다니며 다른 모둠의 작품을 감상하거나 모둠에서 대표가 나와 전체 발표를 했다.

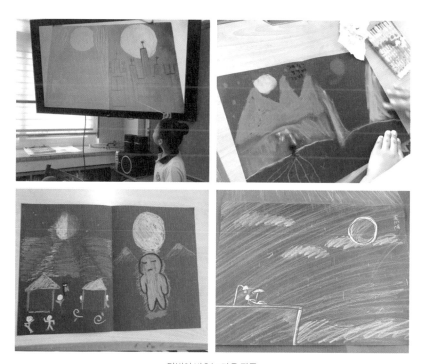

달빛이 비추는 마을 작품

그리고 모둠에서 작품을 소개할 때는 미니 이젤을 사용했다. 작품의 내용을 자세히 설명하고 싶을 때 손으로 들고 있는 것이 불편하기 때문에 미니 이젤에 세워놓고 설명하면 편하다.

미니 이젤

미니 이젤 사용하는 모습

수업을 돌아봐요

- 자료의 활용에서 아이들이 떠올린 느낌이나 감정을 찾기 위해서 감정 카드를 활용하는 것도 좋다. 무언가 느낌은 떠오르는데 그게 정확히 무엇인지 모를 때 감정 카드에서 매칭을 할 수 있기 때문이다.

- 곡을 관찰할 때 간혹 연주자의 동영상을 보여주거나 달빛을 표현한 작품을 함께 보여주는 경우가 있다. 나도 처음에는 조성진이나 임동혁처럼 유명한 피아니스트의 동영상을 찾아서 보여줬다. 그러나 반응은 '아~ 이 곡!'을 외쳤던 아이들의 모습과 비슷했다. 연주자의 모습과 연주에 몰입하는 표정에 재미를 느껴 웃으며 따라 하기도 했다. 영상의 시각적인 요소에 머물러 곡에 집중하기까지 시간이 걸렸다. 그래서 연주 영상이나 작품은 음악가나 곡을 소개할 때 사용하는 것이 더 좋겠다.

달빛을 표현한 작품 (좌: 월하 탄금도, 이경윤/ 우: 달빛, 에드바르트 뭉크)

- 미적체험 수업을 자주 경험해서 그런지는 몰라도 달빛 비추는 마을을 상
상했을 때, 그 마을 안에 자신이 있다는 생각으로 그 마을에서 달빛을
바라보는 본인의 모습과 자신이 바라본 마을의 모습을 떠올리는 아이들
이 제법 많았다. 그리고 그 모습을 의인화해서 표현하기도 하고 인물을
등장시켜 감정을 전달하기도 했다. 결국 자신의 감정을 마을의 모습으로
표현하는 과정은 자신의 감정을 담은 자신의 모습을 표현하는 과정이기
도 했다.

나는 그림을 연주합니다.

🎵 수업을 떠올려요

'나는 노래를 봅니다.'(에릭 칼, 2007)라는 그
림책이 있다. 제목부터 독특하다. 노래를 본
다. 까만색의 바이올린 연주자가 자신을 소
개하며 노래를 본다고 한다. 음악을 그리
고 색을 듣는다. 그리고 책을 읽는 사람에게
'마음으로 자기만의 노래를 보세요.'라며 바
이올린 연주를 시작한다. 다음 장부터는 바
이올린 연주자가 연주하는 그림이 소개된다.
여러 가지 추상적인 모양과 색이 채워져 있

나는 노래를 봅니다 책 표지

는 그림이 펼쳐지는데 특정한 사물이나 자연의 모습을 그린 것처럼 보이기
도 하고 각각의 장면별로 작가가 음악을 감상하고 표현한 작품이라는 생
각도 든다. 글 없이 콜라주 기법으로 그림을 보여주고 연주가 끝난 바이올
린 연주자는 오색빛깔로 가득 채워진 채 무대에서 퇴장한다.

장면별로 연결이 되는 것 같기도 하고 각각의 다른 작품의 연결 같기도
한 이 그림책의 장면들은 많은 상상과 이야기를 불러일으킬 수 있겠다고
생각했다. 연주자가 노래를 보고 음악을 그리는 것처럼 아이들이 이 그림
책을 보고 거꾸로 그림을 노래하고 장면을 연주할 수도 있다. 그림이 들리
는 것처럼 말이다.

⚓수업을 실천해요

그림 관찰하기 → 이야기 상상하기 → 소리 상상하기 → 그림 연주하기

○ 그림 관찰하기

'나는 노래를 봅니다.'라는 게 무슨 뜻일지 떠올리게 한다. 첫 장면인 까만색의 바이올린 연주자를 소개하며 책 속에서 연주자가 관객들에게 하는 말을 읽어줬다. 그리고 차례대로 한 장 한 장 넘기며 장면별로 표현된 그림 작품들을 보여줬다. 책을 본 느낌이나 소감을 이야기했다.

> "제목처럼 바이올린을 연주하는 사람이
>
> 자기가 연주한 곡을 그림으로 표현한 것 같아요."
>
> "글은 없고 그림만 있어서 특이해요. 그림책이 아닌 것 같아요."
>
> "그림에 태양도 있고 물고기도 있고 화산도 있어요."

독특한 책의 제목과 내용 덕분에 아이들의 대답도 다양했다. 대답을 주고받은 후 아이들에게 이 바이올린 연주자는 음악을 그릴 수 있는 것 같은데 그렇다면 우리는 이 그림책을 보고 무엇을 할 수 있을지 생각해보자고 했다. 대부분 수업자의 의도대로 연주자가 연주를 그림으로 표현했듯이 우리는 그림을 연주로 표현해보자고 했다. 음악을 그리거나 보는 것, 그림을 부르거나 연주하는 것, 앞뒤가 맞지 않는 표현이지만 서로 충분히 연결될 수 있는 말이다.

모둠별로 장면을 나눠서 그림을 관찰하게 했다. 추상적인 모양과 색을

예술교육을 실천하다! **181**

보면서 특징을 찾아보고 떠오르는 생각을 이야기로 나눴다. 무엇을 그리려고 한 것인지, 독특한 모양이 의미하는 것은 무엇인지, 노래를 본다고 했으니 어떤 노래를 그린 것일지 많은 궁금증을 가지고 그림에 관해 이야기를 나눴다.

그림책의 장면 그림을 보고 이야기 나누는 모습

○ 이야기 상상하기

그림에 대해 다양한 생각을 나누었으면 이제 장면에 이야기를 넣어 보자. 그림에서 찾고 떠올린 것을 바탕으로 어떤 이야기가 담겨 있을지 상상하게 했다. 각자가 떠올린 이야기나 장면과 관련된 내용을 미니 메모지에 적었다. 소재나 주제, 장면과 관련된 낱말 등을 간단히 적었다.

책상 위에 펼쳐 놓은 메모지를 보면서 이야기를 연결했다. 메모지를 순서대로 놓고 설명하기도 하고 관련된 내용을 하나씩 들고 어떤 이야기를 담고 싶은지 소개했다. 메모지를 보고 소개하는 과정에서 한 번

미니박스 메모지

더 상상하며 말을 했다. 그렇게 이야기를 나눈 후에 모둠에서 표현하고 싶은 이야기를 적었다.

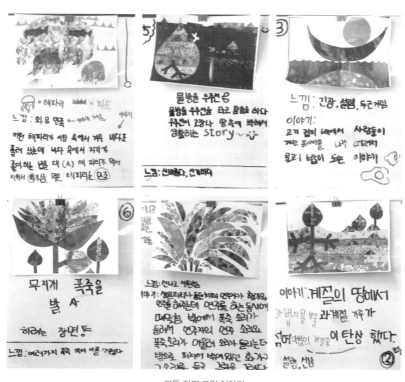

모둠 장면 그림 이야기

○ 소리 상상하기 & 그림 연주하기

이제 그림과 이야기에 어울리는 소리를 상상하게 했다. 그림의 느낌을 표현해 줄 수 있는 소리, 이야기의 흐름에 넣고 싶은 소리 등을 떠올리게 하는 과정이다. 우선 다양한 악기에 대한 탐색이 필요했다. 음악실에 보관된 악기를 둘러보고 이야기에 어울릴 법한 악기들은 모두 꺼내놓고 여러 가지 방법으로 소리를 내어 봤다. 악기마다 연주하는 방법이 있으나 이 활동에서는 연주 방법대로 하기보다는 자유롭게 악기를 활용한 소리를 만들어보고 탐색하는 과정에 중점을 두었다.

충분히 악기를 탐색해본 후 그림을 연주하기 위한 악기를 정하게 했다. 이야기 순서에 따라 악기의 순서를 정하고 표현 방법을 상의했다. 이 과정에서 아이들이 이야기에 어울리는 몸짓을 만들어도 되냐고 물어왔다. 그런 질문을 받을 때면 흐뭇하다. 스스로 표현의 주체가 되어 확장해가는 모습에서 활동을 즐기고 있다는 생각이 들었기 때문이다. 감사한 일이다.

그러한 아이들의 표현은 단순히 그림책의 장면을 연주하는 것에 그치지 않고 자신들이 만든 이야기를 담아 몸짓을 통한 상황극으로까지 발전해 갔다. 저글링 스카프(색 스카프)를 이용하여 그림에 표현되었던 색이나 감정, 이야기의 상황을 표현하기도 했다. 한 편의 공연을 보는 기분이었다.

저글링 스카프(색 스카프)

그림 장면 연주를 연습하는 모습

🩴 수업을 돌아봐요

- 내가 했던 수업 중에는 그림책을 활용한 수업이 많았다. 특별한 그림책을 보면 아이디어가 떠올랐다. 내용뿐 아니라 작가의 그림 표현 모두가 하나의 작품이다. 그런 작품들은 아이들의 상상 재료, 예술 언어가 됐다. 주변의 선생님들을 보면 그림책을 연구하시는 분들이 많다. 직접 그림책을 집필하시는 분도 계시고 좋은 그림책을 소개하는 연구회를 운영하기도 했다. 그런 분들의 관심과 열정으로 교실에서 예술 수업이 많이 펼쳐졌으면 좋겠다.

- 아이들과 했던 활동은 그림책의 한 장면을 골라 소리가 들리게 표현하는 활동이었다. 그림책을 활용한 한 가지 수업 방법이다. 이 외에도 그림책의 전체 장면을 이용해 이야기 한 편을 만드는 활동도 떠올릴 수 있다. 책의 내용처럼 특별한 바이올린 연주자가 무대에서 연주하는 것처럼 그림과 어울리는 곡을 찾아 소개하는 활동도 할 수 있다. 교사는 아이들에게 어떤 경험을 전해주고 싶은지에 따라 한 권의 그림책에서도 다양한 미적체험을 발견할 수 있다.

명화 속 인물이 되어

이 수업은 앞서 그림책 연주에서 보여줬던 아이들의 열의와 반응을 확장해 주기 위한 수업이다. 악기 연주에 그치지 않고 장면과 이야기를 상황극으로 표현하고 싶어 하는 모습을 연장해 주고 싶었다. 그래서 유명한 화가의 그림을 감상하고 그 위에 새로운 이야기를 입혀주는 수업을 떠올렸다.

미술 감상, 미술비평 등의 중요성이 많이 강조되면서 작품을 어떻게 감상할 것인지, 어떤 작품을 감상할 것인지 등에 대한 소개와 감상 방법이 중요하게 자리 잡고 있다. 그런 점에서 감상 영역의 수업을 하기 전에 '감상'의 의미와 작품을 감상한다는 것은 무슨 뜻일지 각자 한 번쯤 고민하는 시간이 필요하겠다.

명화를 고를 때는 인물이 등장하는 작품을 선택했고, 아이들이 한 번쯤 봤을 법한 작품을 선택했다. 또한, 서양화와 동양화, 표현의 방법 등에서 차이가 나는 작품을 찾았다. 총 7개의 작품을 준비해서 한 가지 작품에 대해 전체적으로 경험하고 모둠별로 한 작품씩 선택하여 활동을 진행하였다.

아이들의 상상을 확장하기 위해서 명화 속에 등장하는 인물이 되어 겉으로는 드러나지 않은 작품의 속 이야기를 꺼내 볼 수 있게 하고 싶었다. 아이들은 작품에서 어떤 이야기를 발견하게 될까? 자못 궁금했다.

함께 관찰하기 → 모둠별 작품 관찰하기 → 상황극 표현하기

○ 함께 관찰하기

하나의 작품을 함께 관찰했다. 작품의 제목이나 작가에 대한 설명은 따로 안내하지 않고 작품을 보고 발견한 것들을 말하게 했다.

밀레의 이삭 줍는 여인들

"노란색이 많아요, 위로 올라갈수록 밝아요, 멀고 가까운 게 있어요,

세 사람의 모자 색이 달라요, 그림자가 진하게 있어요,

두 사람은 몸을 숙이고, 곡식을 줍고 있어요,

긴 소매를 입고 곡식을 줍고 있으니까 가을인 것 같아요,

하늘이 하얀 걸 보니까 구름이 많은 것 같아요,

날씨가 맑으니까 일하기 좋을 것 같아요"

겉으로 드러나는 것에서부터 짐작이나 추측까지 다양하게 말을 했다. 추측도 막연하게 말하지 않고 작품에서 발견한 것을 바탕으로 말하게 했다. 우리가 알고 있는 미술 요소인 선, 색, 모양, 형태, 질감 등이 아이들의 발견에 모두 담겨 있었다. 거기에 인물과 배경을 바탕으로 그림의 내용에 대한 짐작과 상상까지 더해졌다. 그렇게 아이들은 작품과 소통했다.

주목했던 점은 그림자를 발견한 것이었다. 그림자가 진하다는 발견에 왜 그림자가 진할까 물어보니 몸을 숙여서 그런 것 같다고 했다. 몸을 숙이면 햇빛을 많이 가리니까 그림자가 진해진다고 생각한 것이다. 한 아이는 '낮이니까 당연히 그림자가 생기지'라며 그림자가 생기는 이유를 언급했다.

2장에서 소개했던 '예술 기반 교육'의 사례와 연결될 수 있는 발전이다. 빛과 그림자, 빛의 위치에 따른 그림자의 방향과 길이, 태양의 위치 등 과학적 원리를 밀레의 작품을 통해 진행할 수 있다. 사실 몸을 숙이고 있는 인물의 그림자가 진해진다는 것은 햇빛을 가리는 면적이 늘어나서 그림자의 면적이 넓어진 것을 표현한 것일 것이다. 그것을 바탕으로 태양이 어디에서 비추고 있는지도 유추할 수 있다. 방위를 알 수 없어서 파악하기는 어렵겠지만 그림을 기준으로 방위를 조건으로 준다면 태양의 위치나 하루 중 언제인지도 확인할 수 있다. 아이들에게는 그림자의 발견 하나만으로도 새로운 미션과 도전을 제시해 줄 수 있다.

아이들은 밀레의 작품을 통해 관찰한 것을 바탕으로 작품을 그대로 따라 해보는 활동을 했다. 작품 속 인물이 되어 그림처럼 몸을 움직여 따라 했다. 차이점이 있다면 아이들은 움직일 수 있다. 말도 할 수 있다. 발견한 것을 바탕으로 들판에서 일한다면 어떤 몸짓과 말을 하며 일을 하고 있을지 표현했다. 모둠원은 네 명이고 인물은 세 명인데 아이들에게 이런 점은 크게 중요하지 않았다. 작품 속에 등장하는 인물뿐 아니라 새로운 역할을 만들어서 표현했다. 그림자를 발견한 모둠은 태양이라는 역할을 추가했고, 멀리 배경이 되는 건초더미가 등장했다. 일하는 과정에서 아이들은 인물의 입장으로 대화를 하기도 했다. 연극 활동 중 과정 드라마에서 사용하는 방법처럼 나는 중간에 '얼음!'이라고 외쳐 동작을 멈추게 하고 미니 인터뷰를 갖거나 느낌을 말하는 시간을 주기도 했다.

밀레의 작품에 대한 상황극

○ 모둠별 작품 관찰하기

드가의 별
(무대 위의 무희)

앙리 마티스의 음악
(La Musique)

샤갈의 마을 위에서

김홍도의 무동

김홍도의 타작

박수근의 빨래터

여섯 개의 명화 작품을 소개하고 모둠별로 한 작품씩 선택하게 했다. 그리고 밀레의 작품에서처럼 작품을 관찰하고 발견한 것들을 정리했다. 작품을 출력해서 나눠주는데 명화 포스터나 액자를 준비하면 더 좋다.

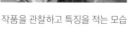

작품을 관찰하고 특징을 적는 모습

○ 상황극 표현하기

　작품 관찰이 끝나면 장소를 옮겨 대강당으로 이동했다. 무대가 있고 자유롭게 연습하기에 좋은 공간이다. 앞 시간에 경험한 미니 상황극을 확대해서 발견한 특징을 바탕으로 한 편의 그림 이야기를 만들었다. 작품 속 인물들에게 어떤 일이 일어나고 있는지 상상을 통해 이야기가 만들어졌다. 국어 시간에 배우게 되는 '인물, 배경, 사건'이 드러나는 상황극이 만들어지는 것이다. 무대를 준비하는 아이들의 모습이 진지하면서도 즐거워했다. 자유롭게 고민했다. 준비하는데 시간이 부족하다며 더 시간을 달라고도 했다. 창작의 과정에 몰두하는 표정이 대견해 보였다. 수업의 진지함과 즐거움, 모두 아이들의 자발성에서 시작한다는 것을 알 수 있다.

　준비를 마치고 무대를 선보였다. 작품과 간단한 상황을 설명하고 공연을 시작했다.

상황극을 준비하는 아이들의 모습

　김홍도의 타작에서는 대부분 웃고 있는 듯한 인물들의 표정과 달리 시무룩한 표정을 지으며 곡식을 터는 인물에 주목했다. 오늘은 쉬는 날인데 양반이 시켜 어쩔 수 없이 나왔다며 투덜대는 모습을 표현했다. 양반은 편하게 누워서 지켜만 보고 있는 것이 치사해서 양반 쪽으로 먼지가 날리게 곡식을 터는 모습으로 표현했다.

드가의 작품에서는 그림의 배경이 되는 무대의 색이 갈색이라서 숲속의 오두막을 떠올려 숲속에서 춤을 추는 발레리나의 이야기로 표현했다. 실제로 작품의 제목이나 내용을 알았다면 만들어지지 못했을 장면이다.

박수근의 빨래터에서는 방망이질하는 여인네의 방망이를 낚싯대로 바꿔 생각해 낚시를 하는 인물이 등장하기도 했다.

샤갈의 작품에서는 한 여인이 소중한 물건을 잃어버려 슬퍼하자 특별한 남자가 등장하여 함께 물건을 찾으러 떠나는 모험의 첫 장면으로 바뀌었다.

작품은 이런 과정들을 통해 더욱 풍성해지고 아이들의 마음속에 선명하게 자리 잡게 될 것이다. 평범한 작품이 아닌 의미 있는 작품으로 아이들에게 기억될 것이다.

🐾 수업을 돌아봐요

- 작품을 감상한다는 것은 결국 작품을 경험한다는 뜻이다. 그 경험은 작품과 감상자의 소통 과정이며 미적체험의 과정이다. 리드(Reid, 1969)가 말한 것처럼 회화 작품 속에서 산다는 것이 어떤 느낌인지는 작품의 감상과 창작을 모두 경험했을 때만이 어느 정도 알 수 있을 것이다.

- 밀레의 작품에서 그림자를 발견하고 여러 질문을 통해 그림자의 길이와 방향, 태양의 위치에 대한 호기심을 아이들에게 던져줬다.

"작가는 이 작품을 하루 중 언제 그렸을까요?"

해결해보고 싶은 친구는 도전해보라고 했다. 몇몇 아이들이 맞춰보겠다며 도전을 했지만, 아쉽게도 제대로 확인을 해주지 못했다. 아이들은 두 인물의 모습을 찰흙으로 만들어 손전등을 비춰보겠다고까지 했다. 적절한 조건과 통제만 이뤄진다면 아마 이 문제를 해결할 수 있지 않았을까 생각한다. 실은 그 내용은 학년 교육과정에서 벗어난 부분이기도 했다. 이런 점에서 보면 학년 단계의 교육과정을 벗어나거나 앞서가서 진행할 수 없는 상황에 대한 아쉬움이 크게 느껴졌다. 물론 학년에 따라 배움 내용을 구분하는 여러 취지가 있겠지만 빈틈도 있는 것 같다.

젤리클 고양이들의 이야기

💡 수업을 떠올려요

뮤지컬 캣츠에서 가장 유명한 넘버라고 하면 단연 '메모리(Memory)'이다. 서정적인 멜로디로 모두에게 사랑받는 곡이다. 그런데 뮤지컬을 보고 나와서 맴도는 곡이 더 있다. 바로 '젤리클 송(Jellicle songs)'이다. 여러 고양이가 군무를 이뤄 신나게 춤을 추는 모습이 역동적이고 시원한 느낌이다. 젤리클 고양이들의 '젤리클'은 어떤 역경과 시련에도 굴하지 않고 당당하고 순수한 고양이에게 붙는 칭호라고 하는데, 가사에도 젤리클 고양이들이 할 수 있는 당당함이 묻어 있다. 그중에서 노래의 뒷부분에 이런 가사가 나온다.

'Practical cats, dramatical cats, Pragmatical cats, fanatical cats

Oratorical cats, delphioracle cats, Skeptical cats, dispeptical cats

Romantical cats, pedantical cats, Critical cats, parasitical cats

Allegorical cats, metaphorical cats, Statistical cats and mystical cats

Political cats, hypocritical cats, Clerical cats, hysterical cats

Cynical cats, rabbinical cats'

이름처럼 여러 성격의 고양이들이 등장한다. 성격에 따라 생김새도, 털의 색깔과 모양도, 피부색도 모두 다르다. 모두 달라서 모두가 멋진 젤리클 고양이들이다.

그렇다면 우리 아이들은 어떨까? 우리 아이들도 모두가 다르기 때문에 모두가 멋지지 않을까? 각자가 갖는 자신의 멋과 성격을 젤리클 고양이가 되어 표현해보는 수업을 해보고 싶었다.

🎤 수업을 실천해요

> 함께 관찰하기 → 모둠별 작품 관찰하기 → 상황극 표현하기

○ 젤리클 고양이 관찰하기

메모리(Memory)를 먼저 들려줬다. 뮤지컬 캣츠에 대해 알고 있는 점이나 경험도 나눴다. 그리고 영상을 통해 젤리클 송을 부르는 젤리클 고양이들의 모습을 보여줬다.

아이들은 노래보다 고양이들의 화려한 동작과 춤에 더 빠져있는 것을 볼 수 있었다. 그래서 영상에서 발견한 고양이들의 몸짓이나 특징을 먼저 이야기 나눴다. 다양한 특징을 갖은 고양이들을 이야기하며 동작을 따라해보기도 했다. 평소 발레를 배우고 있는 아이는 고양이들 중에서 발레 동작을 하는 고양이를 찾았다. 동작을 똑같이 하는 쌍둥이 고양이를 찾기도 했다. 몸짓의 흐름을 찾는 아이도 있었는데,

> "처음에는 고양이들이 하나씩 나와 노래를 부르다가
> 다 같이 춤을 추면서 한곳에 모여요.
> 그러다가 다 같이 뛰어나가서 춤을 춰요."

몸짓의 흐름이 변화되는 부분을 잘 말해준 답변이었다. 그런데 영상을

다시 보게 되면 몸짓의 흐름이 변화되는 부분이 곧 음악의 흐름이 변화되는 부분이기도 했다. 뮤지컬에서 음악과 몸짓이 어떻게 연결되어 흐르는지 볼 수 있다.

젤리클 고양이들의 모습

고양이들의 생김새와 모습을 이야기하면서 주제에 대해 안내를 했다.

"젤리클 고양이 중에 생김새가 같은 고양이가 있나요?"

"없다면 왜 고양이들의 생김새를 모두 다르게 표현했을까요?"

"그럼 생김새만 다를까요? 또 다른 게 무엇이 있을까요?"

고양이들의 생김새가 모두 다른 까닭을 생각했다. '모두 다른 곳에서 왔기 때문에, 사람도 생김새가 원래 다르니까, 쌍둥이도 자세히 보면 달라요.' 처럼 원래부터 서로가 다르니까 젤리클 고양이들도 다르다고 생각했다. 또한, 생김새, 목소리, 생각도 다르다고 말했다.

○ 젤리클 고양이 되기

생김새도 다르고 목소리, 생각도 다른 것처럼 젤리클 고양이들의 성격도 다를 것이다. 그렇다면 젤리클 고양이들은 어떤 성격을 갖고 있을지 영상을 보면서 찾아보자고 했다.

'잘난 척하는 고양이, 개구쟁이 고양이, 용감한 고양이,
무서운 고양이, 인자한 고양이'

여러 성격의 고양이들을 발견했다. 그렇다면 내가 젤리클 고양이가 된다면 어떤 성격의 고양이가 되고 싶은지 떠올리게 했다. 떠올린 성격의 고양이는 어떻게 움직이고 춤을 추는지 상상하게 했다.

상상이 끝나면 즉흥적인 표현의 시간을 가졌다. 별도로 내가 어떤 성격의 고양이를 표현할 것인지 연습을 하거나 이야기 나누는 시간을 갖지 않았다. 그저 떠올린 대로, 상상한 대로 즉흥적으로 표현하게 했다.

젤리클 송에서 음악의 흐름이 변하는 곳이 있는데 그곳을 표현의 시작점으로 정했다. 영상에서 보면 고양이들이 전부 한곳에 모이는 장면이 있는데, 음악의 분위기가 바뀌고 성가를 부르듯 두 손을 모으고 합창을 하는 부분이 있다. 그리고 이내 곧 신나게 분위기가 바뀌면서 고양이들이 달려나가며 춤을 추기 시작한다. 이 부분을 시작점으로 정했다.

책상과 의자를 모두 한곳으로 모아 아이들 전부 책상이나 의자에 올라가 두 손을 모으게 했다. 그리고 시작점이 되면 책상에서 내려와 자신이

떠올린 성격의 고양이가 되어 춤을 추게 했다.

폴짝폴짝 두 팔을 벌리면서 뛰는 고양이, 한쪽 바닥에 누워 허우적대는 고양이, 제자리에서 회오리를 돌며 뛰어오르는 고양이 등 여러 고양이를 자신들만의 몸짓으로 표현했다. 같이 짝을 이루거나 여럿이 손을 잡고 도는 고양이들도 생겨났다. 인상적이었던 고양이는 대부분 신나는 노래에 맞춰 몸짓을 표현하는데, 꿋꿋이 고개를 쭉 내밀고 허리를 구부린 채 슬로 모션으로 몸짓을 표현하던 고양이였다. 나중에 물어보니 자신은 할아버지 고양이인데 주변의 도움 없이 음악에 맞춰 춤을 추고 있었다는 것이었다. 미소가 절로 일었다.

젤리클 고양이를 표현하기 위해 준비하는 모습

수업을 돌아봐요

- 사실 TV 화면으로 영상을 보면 그 느낌이 덜하다. 무대는 화려하고 음악은 에너지 넘치고 신이 나는데 보여주는 통로가 너무 작은 화면이니 그럴

수밖에 없다. 움직임을 표현하는 수업이니 큰 스크린이 있는 대강당에서 영상을 보여주는 게 더 좋을 것이다.

- 성격에 따른 고양이들의 모습을 분장해볼 수도 있다. 얼굴에 그릴 수 있는 표현 도구를 이용해서 성격이 드러나는 얼굴 분장을 하거나 소품을 만들 수도 있다. 본인의 성격을 참고해 자신의 얼굴 사진에 자신의 성격이 드러나게 고양이 분장으로 표현해볼 수도 있다.

- 아쉬운 점이 있다면 아이들이 젤리클 송에 맞춰 몸짓을 표현하는 과정에서 자신이 떠올린 성격을 얼마만큼 표현했을지 고민이 생긴다. 노래가 신나다 보니 그와 어울리지 않는 성격의 고양이는 음악에 맞춰 표현하기가 어렵지 않았을까 하는 생각이 문득 들었다. 표현했던 몸짓에 대해서도 활동이 끝나고 서로 피드백하는 시간을 충분히 갖지 못했었다. 다시 수업을 준비한다면 이러한 부분에 대해 보완하고 싶다.

- 성찰의 과정에서 새로운 아이디어가 떠오르기도 한다. 수업의 과정만큼 수업을 마치고 나서 갖는 수업 협의나 수업 성찰이 도움이 되기도 한다. 모두 교사의 성장을 위해 필요한 과정이다.

인사이드 아웃, 다섯 감정의 걸음걸이

내가 가장 좋아하는 애니메이션 영화를 떠올려보라면 '월E, UP', 그리고 '인사이드 아웃'이다. 사람의 감정을 의인화해서 한 아이의 행복을 위해 자신의 역할을 다한다는 점, 우리가 흔히 좋은 감정, 나쁜 감정이라고 구분 짓는 이 감정들이

영화 '인사이드 아웃(Inside Out)'
포스터

모두 각각의 존재 이유가 있다는 점, 그러기에 이러한 감정들을 억지로 참거나 숨기려고 할 필요가 없이 있는 그대로 받아들이고 마주할 필요가 있다는 점 등이 이 영화에 모두 담겨 있었다.

그리고 영화를 보면서 가장 강렬했던 부분은 바로 '슬픔'에 대한 시선이었다. 우리는 슬픔을 좋아하지 않는다. 영화에서도 '슬픔이'는 문제를 일으키는 존재처럼 보인다. 그러나 결국 문제를 해결하는 데 중요한 역할을 하는 존재는 '슬픔이'이다. 슬플 때 충분히 슬퍼해야만 다시 일어설 힘을 얻고, 슬픔을 통해 느껴지는 무기력함과 생각의 멈춤이 오히려 상황에 집중하고 극복하는 힘을 준다. 그래서 슬픔은 약한 존재가 아니라 위로와 공감으로 행복을 다시 찾을 수 있는 디딤돌이 되어주는 존재라는 것을 전해준다. 그러한 슬픔에 대한 시선이 인상적이어서 그 당시 지역신문에 칼럼을 쓰고 있었는데 '슬픔은 약한 존재일까?'라는 제목으로 글을 쓰기도 했다.

내가 받은 감동을 어떻게 경험해볼 수 있을까 고민했다. 그런데 너무 어

려웠다. 욕심이 강해서 그랬는지 수업을 떠올리기가 힘들었다. 결국엔 구상만 하다가 실천하지 못하고 메모장에만 적어둔 채 시간이 흘렀다. 그러다가 우연히 무용을 주제로 한 예술 연수에 참여한 적이 있는데, 그곳에서 움직임에 대한 연수를 받다가 문득 이 영화를 다시 떠올리게 되었다. 연수는 가장 기본적인 움직임 '걷다, 멈추다'를 주제로 이뤄졌다.

감정이 드러나는 걸음걸이는 어떤 모습일지 궁금했다. 연수해서 경험했던 과정을 감정 캐릭터와 연결해보고 싶었다.

🎙 수업을 실천해요

영화 인사이드 아웃 소개하기, 감정 살펴보기 →
걸음걸이 상상하기, 표현하기 → 걸음걸이에 맞춰 소리 표현하기

○ 영화 인사이드 아웃 소개하기, 감정 살펴보기

유튜브에는 영화와 관련된 소개 영상이 많다. 이 중에서 다섯 감정을 중심으로 소개하는 영상을 찾아 아이들에게 소개했다.

'기쁨이, 슬픔이, 소심이, 까칠이, 버럭이'라는 다섯 감정의 캐릭터를 보고 떠오르는 것이 무엇인지 말해보게 했다. 영화 속 내용이나 경험과 관련된 내용을 거침없이 말했다. 아이들이 감정에 대해 어떻게 이해하고 있는지를 알 수 있었다.

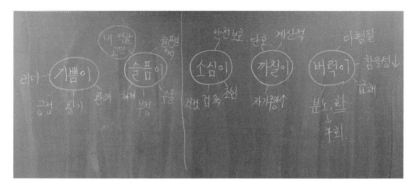

감정에 대해 떠오르는 것

○ 걸음걸이 상상하기, 표현하기

무용 연수에서 경험했던 활동을 연결 지어보았다. 우선 신체활동을 자유롭게 할 수 있는 공간으로 이동했다. 그곳에서 아이들에게 큰 원을 만들게 했다. 가운데 공간은 움직임의 공간이고 주변은 그 모습을 관찰하는 공간이 된다. 가운데 공간에서 '걷다, 멈추다'를 자유롭게 해보라고 했다. 누가 먼저 할지도 정하지 않고 하고 싶은 순서대로 시작을 하면 된다. 가운데 공간에는 4~5명 이하로만 들어가게 했다. 아이들의 걸음걸이를 친구들이 잘 관찰하기 위해서였다. 아이들은 평소 내가 걷던 걸음대로 걸어보기도 하고 의도적으로 다르게 걸어보기도 했다. 별생각 없이 의식하지 않고 걸음을 걷다 멈추고 싶을 때 멈췄다가 다시 걷기를 반복했다.

어느 정도 움직임이 익숙해지면 이제 의식적인 걸음걸이를 경험해보게 했다. 무작위로 근처의 친구들과 짝을 지어 함께 걸음을 걷게 했는데, 앞, 뒤 순서를 정했다. 한 친구가 먼저 걸음을 출발하면 다른 친구는 앞서 출발한 친구를 자세히 관찰하면서 걷는 모습을 그대로 흉내 내며 걷게 했다. 중간에 서로 순서를 바꿔 걸음을 이어가게 했다. 아이들은 상대방의 걸음걸이를 최대한 모방해서 걸었다. 그 과정을 통해 자신의 짝이 평소에 어떻게 걷는지를 알게 되었고 서로의 특징을 전해줬다.

이러한 의식적인 걸음걸이를 다섯 감정의 캐릭터에 적용했다.

"다섯 감정 캐릭터들은 어떻게 걸을까요?"
"여러분들이 방금 걸음을 걸었던 것처럼 걸을까요?"

아니라는 대답과 함께 여러 가지 떠오르는 생각을 이야기하려 했다. 잠시 대답을 멈추게 하고 상상만 해보라고 했다. 각자 상상을 해보고 그중에서 하나의 감정 캐릭터를 정해 내가 그 캐릭터라면 어떻게 걸을지 떠올리고 즉흥적으로 걸음을 걸어보게 했다. 다른 친구들은 어떤 감정 캐릭터를 표현했는지 특징을 찾았다.

소심이를 표현한 걸음걸이

다시 무작위로 짝을 이루어 큰 원을 만들어서 앉았다. 앞에서와 같은 방법으로 걷는데 이번에는 친구의 걸음걸이를 그대로 따라 하면서 어떤 캐릭터를 표현한 것인지 캐릭터의 특징을 걸음걸이로 표현했는지를 떠올리면서 친구의 걸음을 따라 하게 했다. 주변의 친구들은 걸음을 보고 감정을 찾아보고 어떤 특징에서 찾았는지 말하게 했다. 자신이 표현하려는 걸음과도 비교해 본다.

○ **걸음걸이에 맞춰 소리 표현하기**

이 활동은 아이들의 아이디어에서 시작했다. 걸음걸이를 표현하고 소감을 나누면서 감정과 어울리게 걸어보니 그 감정이 생겼을 때의 모습이 더 잘 이해된다는 소감이 많았다. 더불어 걸음을 걸을 때 어울리는 소리를 넣어주면 감정을 더 잘 표현할 수 있을 것 같다는 소감에서 시작했다.

이번에는 무작위로 하지 않고 모둠 과제를 주는 형태로 진행했다. 모둠원이 협의를 해서 감정 캐릭터를 정하고 어떤 걸음걸이를 표현할 것인지 의견을 나눴다. 걸음걸이를 정했으면 역할을 나눠서 두 사람은 걸음을 표현하고 두 사람은 어울리는 소리를 표현하게 했다. 아이들이 표현한 소리는 대부분 걸음걸이와 어울리는 소리보다는 감정과 어울리는 소리를 표현했다. 슬픔을 표현하기 위해 레인 메이커를 사용하고 기쁨을 표현하기 위해 여러 음의 핸드벨을 울렸다. 까칠이를 표현하기 위해서는 실로폰을 빠르게 긋는 소리를 냈다. 감정에 어울리는 소리를 표현하면서 걸음걸이 역시 자연스럽게 소리의 분위기에 맞춰 걷는 것을 볼 수 있었다. 감정을 표현한 소리에 맞춰 걸음걸이를 표현하는 활동이 된 것이다.

- 영화를 보고 느꼈던 감정에 대한 여러 가지 생각들을 전해줄 수 있는 수업은 아니라는 생각이 들었다. 그보다는 감정에 대한 이해를 좀 더 쉽고 재밌게 하기 위한 움직임 수업이었다. 다만, 무용 연수에서 느꼈던 움직임에 대한 인식을 실천해볼 수 있었던 시간이었다. 가장 기본적인 움직임에 대해서 우리가 감각적으로 인지하고 의식하며 표현할 수 있으면 더 다양한 움직임으로 확대할 수 있다는 생각을 했다.
이와 같은 이유로 이 활동을 차후, 음악 시간 탈춤을 배울 때, 탈춤을 흉내 내는 활동에도 적용해보았다. 어떤 탈을 쓰느냐에 따라 역할에 맞춰 걸음걸이가 달라질 것이고 그 걸음걸이가 탈을 쓴 사람의 성격을 보여줄 거라는 생각이 들었다. 자신이 표현하고 싶은 탈을 만들고 걸음걸이를 만들어 표현하는 활동을 진행했다.

- 감정은 치유의 대상이 아니라 향유의 대상이다. 받아들이지 못하기 때문에 치유가 필요한 것이고 있는 그대로 받아들이기 때문에 향유할 수 있다. 자신의 감정을 긍정, 부정으로 나누지 않고 감각을 통해 전해지는 감정을 온전히 자신의 것으로 느끼고 들여다보면 아이들은 좀 더 풍성한 감정으로 다른 사람을 공감할 수 있을 것이다. 루소가 말했던 '감각적 이성'이 성숙해지는 경험이 될 것이다.

감정 이모티콘 악보 이야기

🎤 수업을 떠올려요

21019년도에 문화예술 체험학습으로 광주 비엔날레를 방문했다. 미술 교과의 '[4미 03-01] 다양한 분야의 미술 작품과 미술가들에 관심을 가질 수 있었다. [4미 03-03] 미술 작품에 대한 자신의 느낌과 생각을 발표하고, 그 이유를 설명할 수 있다.'를 적용하여 계획한 체험학습이었는데, 다음과 같은 과정으로 이루어졌다.

팀별 사전 조사
(광주비엔날레관,
광주시립미술관 작품,
작가)

⇨

팀별 문화예술체험
(작품의 표현 방법,
작가의 창작 과정 탐구)

⇨

팀별 작품 표현
(탐구한 표현 방법과
창작 과정으로
작품 만들기)

팀별로 비엔날레에 대해 사전 조사를 하여 관람할 작품과 전시를 알아보고 일정을 계획하게 했다. 교사는 일정에 대해 필요한 부분을 지원해 주고, 당일에는 팀별로 일정에 따라 자율적으로 체험하게 했다.

아이들이 관람하는 과정은 작품을 구상하는 과정이다. 팀별로 인상 깊은 작품이나 전시를 자세히 살펴보고 필요하다면 도슨트나 관계자에게 문의하게 했다. 그래서 해당 예술가가 작품을 창작했던 과정을 알아보고 같은 표현 방법으로 팀별 작품을 표현하게 했다. 단순히 보는 관람에서 벗어나 참여하는 관람이 되게 하고 싶었다. 전문가의 표현 방법을 쉽게 따라 하거나 필요한 재료를 준비하는 데는 어려움이 있었지만 가능한 한 대체 방법을 찾으며 작품을 표현해 나갔다.

나 역시 비엔날레를 관람하며 인상 깊은 작품을 수업으로 만들게 되었다. 비주얼 아티스트인 키스 미클로스(Kiss Miklos)의 볼륨으로 표현한 이모그램 작품이다.

흔히 이모티콘 혹은 이모지라고 말하는데, 이 작가는 '이모그램'이라는 이름으로 인간의 13가지 감정을 표현한 픽토그램이라고 소개했다. 비슷한 용어 같지만 찾아보니 차이점은 있었다. 요즘은 크게 구별하지 않고 이모티콘이라고 부른다.

키스 미클로스의 이모그램 작품 전시

작품을 보고 감정을 나타내는 이모티콘으로 악보를 표현해보면 어떨까 생각했다. 음악도 인간의 감정을 표현한 것일 텐데 그 감정의 흐름을 이모티콘으로 표현한다면 새로운 형식의 재미있는 악보가 될 것 같았다. 이런 생각으로 교과서에 제시되어 있는 표제 음악인 그리그의 '페르귄트 모음곡'을 감정 이모티콘 악보로 만들어 보고 싶었다.

픽토그램

그림을 뜻하는 'picture'와 전보를 뜻하는 'telegram'의 합성어로 어떤 사람이 보더라도 같은 의미로 이해할 수 있는 그림으로 된 언어체계, 몇몇 픽토그램은 국제규격으로 정해져 있는데 대표적인 것이 비상구 픽토그램이다.

이모티콘

영어의 emotion과 icon의 합성어로 기존의 문자를 이용하여 새로운 조합을 통해 감정을 나타낸 기호이다. 대표적인 것으로 '^^, ㅠㅠ, -_-;'이 있다.

이모지

영어로 emoji라고 표현하는데 일본어로 그림을 뜻하는 '에'와 문자를 뜻하는 '모지'의 합성어에서 시작했다. 이모티콘이 문자의 조합 형태라면 이모지는 이미지 자체가 하나의 문자이다. 우리가 SNS에서 많이 사용하는 것은 대부분 이모지라고 할 수 있다.

픽토그램, 이모지 예시

🦑 수업을 실천해요

감정 이모티콘 안내하기 → 제재곡 감상 및 감정 떠올리기

→ 감정 이모티콘 악보 표현하기

○ 감정 이모티콘 안내하기

키스 미클로스의 '이모그램'을 보여주며 비엔날레를 관람했던 기억을 떠올리게 했다. 대부분 이모그램 공으로 가득한 방에서 친구들과 공을 던지며 놀던 기억을 많이 떠올렸다. 아이들은 익히 알고 있던 이모티콘과 차이점도 발견했다. 감정을 나타내는 알파벳으로 표정을 표현한 것이 그 차이점이었다. 예를 들어, '좋다'라는 뜻의 'Good'을 이용하여 이모티콘의 표정을 만들었다. 이런 방법을 이용한다면 영어가 아닌 한글로 감정 표정을 만들어 보는 것도 좋을 듯하다.

감정을 이모티콘으로 표현하기 위해 먼저 거울을 보고 자신이나 친구들의 표정을 관찰하도록 했다. 감정 카드를 한 장씩 골라서 나온 감정을 표현하고 친구의 표정을 이모티콘으로 표현해보는 연습을 했다. 연습하는 과정은 친구의 표정에서 나타나는 감정의 특징을 찾아보는 것이었다. 그렇게 감정과 표정 연결이 익숙해지면 이모티콘의 표정으로 추상화 작업을 진행했다. 구체적인 관찰을 시작으로 추상적인 형태로 진행해 나갔다.

○ 제재곡 감상 및 감정 떠올리기

준비한 3곡(아침, 산왕의 궁전에서, 솔베이지의 노래)은 모두 분위기나 느낌이 다른 곡이다. 그래서 곡의 분위기에 따라 감정을 표현하기가 쉽다. 같은 곡

내에서도 분위기의 변화가 있을 때는 한 가지 감정에 한정하지 않고 다양하게 감정을 떠올릴 수 있게 했다.

○ 감정 이모티콘 악보 표현하기

곡을 감상하고 감정을 떠올리는 과정과 감정 이모티콘으로 표현하는 과정은 별개의 과정이 아니다. 감정을 떠올리면 아이들은 곧바로 감정 이모티콘으로 표현했다. 곡을 한 번만 들려주는 것이 아니라 반복하여 들려주는 과정에서 떠올린 감정은 이모티콘을 이용해 곡의 흐름을 표현하게 했다.

감상하는 동안 이모티콘을 떠올리고 완성된 이모티콘을 바탕으로 이야기를 담았다. 인물과 배경을 떠올리고 감정에 어울리는 사건의 흐름으로 이야기를 표현하는 과정이다. 아이들마다 4절지에 이모티콘만 표현하기도 하고 이야기를 함께 적기도 했다. 표현의 형식은 다르지만 곡의 흐름이 드러나야 한다.

아이들은 악보가 완성되면 이제는 익숙하게 교실 공간을 이용하여 작품을 전시하고 작품을 소개하며 자신의 창작 과정을 나눈다. 작품을 감상하는 친구는 친구와 생각을 나누며 자신의 느낌을 붙임쪽지를 이용해 작품에 붙여주기도 했다. 작품에 대한 피드백을 주는 것이다.

감정 이모티콘 악보 작품을 나누는 모습

- 체험학습을 준비할 때, 지역의 전시관이나 박물관, 예술 관련 기관이나 단체, 혹은 특별한 예술 관련 행사를 많이 찾는다. 매년 정기적으로 운영하는 행사가 많아서 시기만 잘 조절한다면 원하는 예술 활동과 연계한 체험학습을 운영할 수 있다. 현재는 코로나19 상황으로 체험학습 자체가 어렵지만 많은 기관과 단체가 온라인을 통한 체험학습 기회를 제공하려고 노력 중인 것으로 안다. 간접적인 체험의 아쉬움이 크다. 프로그램 경험 기회를 확대할 수 있는 방법에 대한 고민이 필요하다.

- 예술작품에 대해 자세히 알고 특징을 살피는 것도 좋지만 기존의 작품을 새로운 분야 또는 주제로 확장하는 것도 좋다고 본다. 작품 그 자체에 대한 감상과 동시에 또 다른 창작의 과정을 경험하는 것이 미적체험이다. 이것은 모두가 예술가가 될 수 있다는 가치와 함께 관객의 입장에만 머물 수 있는 감상 활동을 벗어나게 해주고 작품에 대한 정형화된 해석에서 벗어나게 해준다.

사계를 그리다, 이야기하다

수업을 떠올려요

'해설이 있는 클래식 음악 여행'을 준비하면서 비발디 사계와 관련된 그림책을 발견했다. 바로 코트니 티클의 '그림 동화 클래식 사운드: 비발디의 사계'이다. 이 책의 발견은 나에게 큰 행운이자 선물과도 같은 그림책이었다.

코트니 티클의 '그림 동화 클래식 사운드: 비발디의 사계'

이 책은 사계절의 풍경을 이사벨의 하루를 통해 전해주는데, 오색빛깔 사계절의 그림과 이사벨의 이야기와 더불어 비발디의 사계를 직접 들을 수 있는 책이다. 멜로디를 들을 수 있는 음표 버튼을 누르면 계절 풍경과 어울리는 비발디 사계의 멜로디가 흘러나온다. 총 12악장 중에서 그림책의 흐름에 어울리는 10개 악장의 주요 멜로디를 담았다.

이 책의 소재 자체가 나에게는 하나의 큰 프로젝트 수업이었다.

'아이들과 함께 비발디의 사계에 따라

사계절을 그리고 이야기를 담는다면 얼마나 좋을까?'

'아이들이 그림책 작가가 되어 자신만의 그림책을 창작한다면 얼마나 좋을까?'

생각만 해도 너무 행복한 일이었다. 마침 교육 관련 박람회에서 아이들의 책을 출판해 주는 부스가 떠올라 곧바로 출판사와 연락을 하여 아이들과 '음악 동화 만들기' 프로젝트를 시작했다.

🎣 수업을 실천해요

교육과정에 담기 → 악장별 주제 정하기 → 그림과 이야기 표현하기

○ **교육과정에 담기**

이 수업은 계절을 따라 진행했다. 교육과정의 반영은 해마다 상황에 따라 다르지만, 자율 활동에 학급 특색활동이 있는 경우에는 특색활동으로 운영을 했다. 그렇지 않으면 수업의 주제에 따라 관련 교과 성취기준과 연결하여 재구성한다.

수업은 대체로 12~16차시 정도로 전개했다. 비발디 사계의 12악장 중 계절별로 1, 3악장을 중심으로 전개했다. 계절별로 3~4차시 정도를 전개하는데 처음에는 프로젝트를 소개하는 시간으로 비발디 사계와 음악 동화를 표현하는 과정에 대해 안내했다. 그리고 그림책의 주인공을 만들게 했다. 자신과 자신의 상상 친구가 주인공이 되었다. 자신과 상상 친구가 계절을 따라가며 이야기를 만들어 갔다. 그리고 후반 차시에 작품의 책 표지, 작가와 작품을 소개하는 시간을 가졌다. 책이 출판되면 함께 출판기념회를 여는 시간도 배치했다.

차시	내용
1~2차시	· 프로젝트 소개 (비발디 사계, 음악동화 표현 과정) · 주인공 만들기
3~13차시	· 계절별 그림과 이야기 표현하기
14~15차시	· 책 표지 만들기 · 작가와 작품 소개하기
16차시	· 출판기념회 열기

○ 악장별 주제 정하기

계절별로 곡을 듣기 전에 주제를 안내했다. 예를 들어, 주인공을 만든 후에는 봄 1악장을 들으면서 주인공의 마음은 어떤지, 어떤 성격을 가졌는 지를 이야기로 표현하게 했다. 여름 1악장을 들을 때는 곡을 듣고 떠오르 는 감정의 변화를 이야기로 표현했다. 주제에 따라서 이야기의 상황을 이어가게 제시해 줬다. 곡에서 찾은 음악의 특징을 이야기로 표현하기, 감정에 어울리는 풍경 표현하기, 분위기에 어울리는 주인공의 표정 주목하기 등 여러 가지 주제를 생각할 수 있다. 계절과 관련하여 계절의 특징을 드러낼 수 있는 소재를 사용하게 한다거나 날씨의 특징을 표현할 수도 있다. 교사의 의도에 따라서 주제는 바뀔 수 있고 아이들이 표현하고 싶은 주제를 직접 선택해서 표현할 수도 있다. 제시되는 주제가 이야기

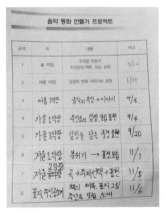

음악 동화 악장별 주제 예시

의 흐름을 방해한다고 생각하면 전적으로 아이들에게 맡길 수도 있다. 나 같은 경우는 아이들이 다양한 감상 방향으로 이야기를 풍성하게 표현하기를 원해서 주제를 제시했다.

○ 그림과 이야기 표현하기

음악 동화를 표현하는 과정은 계절마다 주제만 다르고 비슷하다. 주제를 안내하면 주제에 맞춰서 제재곡을 관찰하고 그림을 먼저 떠올리게 했다. 예전에는 나만의 방법으로 "T-S-D-L'이라는 단계를 만들어서 사용했는데, 간단히 소개하면 'Topic(주제) → Scene(장면) → Diction(낱말) → Link(연결)'이다. 안내된 주제에 맞는 장면과 상황을 떠올리고 그 장면에 들어가는 낱말을 찾는 것이다. 그리고 그 낱말들을 연결해서 문장을 만들었다.

그런데 지금은 어떤 틀에 맞추기보다는 자연스럽게 떠오르는 심상에 주목하고 마음속에 떠오르는 이미지의 느낌에 집중하게 했다. 그래서 한 가지 심상이 떠오르면 그에 맞는 주인공의 상황을 시각화하게 했다. 그렇게 표현한 그림을 바탕으로 이야기 문장을 만들어갔다. 문장에 제한을 두지 않았다. 한 문장이든 여러 문장이든, 혹은 한 단어이든 자신이 떠올린 이야기를 충분히 표현할 수 있다면 양은 상관없다. 그래서 어떤 계절에는 문장을 빼곡히 적다가도 다른 계절에는 몇 문장 적지 않는 아이들도 있었다. 다만, 최소한 세 가지 낱말이 들어가면 좋겠다고 안내를 했다. '감정 낱말, 그림 낱말, 꾸밈 낱말'이 그것이다. 주인공의 감정을 표현하는 낱말, 그림의 상황을 보여주는 낱말, 이야기를 풍성하게 해주기 위한 꾸며주거나 흉내 내는 낱말이다. 이 세 가지 낱말이 들어가면 이야기의 표현 더 좋아지게 된다.

- 음악 동화 만들기 수업을 시작하면서
새해가 되면 미리 교육과정에 프로젝
트를 반영해서 계절의 변화와 함께 아
이들의 사계절 이야기를 차근차근 쌓
아갔다. 연말이 되면 출판된 책을 받
아들고 작은 출판기념회를 열었다. 각
자의 책을 친구들에게 소개하고 돌아
가며 친구의 작품을 감상하고 즐기는
시간을 가졌다.

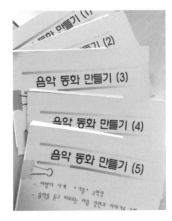

음악 동화 곡별 표현 내용 예시

한 해에 걸쳐서 이야기를 만들어가는 것이 어렵지 않냐는 질문을 받곤
한다. 그렇게 해서 이야기가 연결되냐고 묻기도 한다. 쉽지 않은 일은 맞
다. 처음에는 계절마다 표현한 아이들의 작품을 각자가 보관하다 보니
자주 잃어버리기도 했다. 그 후로는 작품 게시대에 일정 기간 전시를 하
고 일괄 보관하는 방법으로 바꿨다.

계절의 변화에 따라 이야기를 만들다 보니 시간의 간격이 있다. 이야기의
흐름이 과연 연결될까도 생각했다. 아이들은 다음 장면을 만들 때 이전
의 장면을 다시 살펴 가며 흐름을 잘 이어갔다.
아이들의 성향에 따라서 표현의 속도도 다르고 표현 방법도 제각각이다.
어떤 아이는 아주 꼼꼼하게 그림과 이야기를 표현하느라 늘 예정된 시간
을 넘겼다. 어떤 아이는 책 자체가 싫다며 15분 만에 모든 걸 완성하고 옆

친구에게 장난을 걸었다. 책 만들기뿐 아니라 모든 과정에서 아이들은 각각 다르다. 책 출판이라는 나의 목표가 있었지만 그렇다고 아이에게 강요할 수는 없었다. 몇 번 강요했던 적이 있었지만, 나중에 후회만 남았다. 아이는 자신이 할 수 있는 만큼의 역량을 표현하고 있다. 그리고 결과의 수준을 떠나서 체험의 과정에서 이미 아이들은 작가가 된다.

음악동화 작품들

아이들의 이야기를 하나씩 엮어서 한 권의 모음집을 만드는 것은 의미 있는 일이다. 하지만 그보다 아이들 각자의 이름으로 자신만의 책을 완성하는 데에 더 큰 의미가 있다. 그래서 한 해 동안 꾸준히 지원하려고 노력했다. 그러다 보면 결국 열매를 맺는다.

- 예술 수업을 통해 아이들에게 특별한 경험을 전해주길 바라는데 오히려 거꾸로 내가 아이들에게 특별한 경험을 받을 때도 있다. 일 년 동안 프로젝트를 진행하면서 특별한 선물 하나를 받은 적이 있다. 여름방학 동안 방학 과제로 자신만의 그림책을 만든 아이의 선물이었다. 스스로 이야기를 만들고 그림을 그려 한 권의 멋진 작품을 완성했다. 제목은 '시연이와

레미의 바닷속 탐험'이었다. 주인공인 시연이와 레미기 엄마를 잃은 새끼 거북을 만나서 엄마를 찾아주기 위해 바닷속을 탐험하는 이야기였다. 파일철에 한 장 한 장 장면과 이야기를 정성스럽게 담아 완성한 작품을 보니 가슴이 벅찰 정도의 큰 감동이 밀려왔다. 부모님께 말씀드려 작품을 인쇄소에 맡겨 몇 권의 책으로 만들었다. 그중 한 권을 받았는데 나에게는 더없이 큰 선물이자 보물이 되었다.

 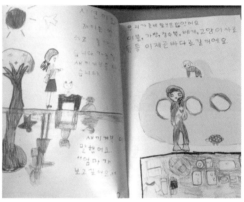

시연이와 레미의 바닷 속 탐험

이렇듯 일상적인 하나의 수업, 혹은 하나의 경험이 어떤 아이에게는 특별한 수업, 특별한 경험으로 남을 수 있다. 아이를 움직일 수 있는 한순간이 될 수 있다. 우리는 모든 아이가 그러한 순간을 경험하길 바란다. 그리고 그러한 아이들의 모습을 보며 교사로서 행복함을 느끼길 바란다. 사실 행복함과 함께 더 부족함을 채워야겠다는 다짐을 하게 된다. 그렇게 조금씩 성장해 가고 있는지도 모르겠다.

공간을 상상하다, 상상의 공간을 만들다.

🎐 수업을 떠올려요

우리가 매일 생활하는 학교라는 공간, 교실이라는 공간을 새로운 눈으로 바라보고 변화하려는 흐름이 공간혁신이라는 이름으로 활발하게 이루어지고 있다. '공간이 바뀌면 삶이 바뀐다, 공간이 아이를 바꾼다, 삶이 예술이 되는 공간' 등 많은 말과 함께 공간의 변화를 실천하고 있다. 앞으로도 정책이 긍정적인 방향으로 나아가 학교 현장에 도움이 많이 되었으면 좋겠다.

공간은 사실 빈 곳이다. 형체가 없는 텅 빈 곳이다. 그런 공간을 두고 공간혁신이란 무엇일까? 공간의 변화란 무엇일까? 고민해본 적이 있는데, 텅 비어있는 곳에 무엇을 담고 채울지 고민하는 것이 공간의 변화이지 않을까 생각한다. 반대로 무엇을 버릴지도 마찬가지이다. 그리고 그 무엇은 '가치'가 아닐까 생각한다. 공간혁신이란 학교 공간에 어떤 가치를 담을 것인지, 어떤 가치를 경계해야 할 것인지를 고민하고 실천하는 과정이라고 생각한다. 그래서 지금껏 건물의 벽과 자재, 구조만을 생각하며 지어졌던 학교 공간에 배움이라는 가치, 쉼과 여유라는 가치, 공감의 가치를 담을 수 있는 공간으로 만드는 것이다. 학생과 교사, 다양한 교육 주체의 참여에 의해 가치 있는 공간으로 변화시키는 과정이 필요하다.

교사로서 학교 공간의 시작은 교실이다. 처음 1학년을 맡게 된 해, 교실에서 생활하는 아이들의 모습을 보면서 어떤 공간을 만들고 그곳에 어떤 가치를 담아주면 좋을지 고민했다. 그 출발은 아이들의 관찰에서부터 시작했다. 1학년과 같은 저학년은 운동장처럼 넓은 공간보다는 자기만의 공간이나 둘러싸인 공간, 좁지만 비밀스러운 공간을 좋아한다. 그런 공간에 '상상'의 가치를 담으면 좋겠다는 생각이 들었다. 그리고 아이들에게 교실은 아직 배움이나 공부의 공간보다는 친구들과 어울리고 노는 공간의 역할이 더 컸다. 어쩌면 책상과 의자가 그것을 방해하고 있는 것인지도 모르겠다. 또한, 아이들은 대체로 책 읽기를 좋아했는데, 자유롭고 편안하게 읽을 수 있는 공간은 없었다. 며칠을 두고 관찰한 아이들의 모습에서 세 가지 가치를 담으려고 했다. '상상, 놀이, 여유'라는 가치이다.

세 가지 가치를 담으려면 빈 곳을 만들어야 했다. 우리의 교실은 생각보다 빈 곳 없이 가득 차 있다. 책상과 의자, 아이들의 사물함, 교실 벽면은 모두 수납장으로 둘러싸여 있고 교실의 앞뒤는 칠판이 설치되어 있다. 여기에 교사의 공간까지 더해 정말로 빈 곳을 찾기 어렵다. 그렇다면 기존의 것을 버려야 했다. 기존에 존재하는 기능을 다시 생각하며 어떤 걸 버릴지 고민했다. 그러다 눈에 띈 것이 바로 사물함이었다.

"사물함이 꼭 교실 벽면을 가득 메우고 있어야 할까?"
"수납장은 꼭 저렇게 벽에 붙어 있어야만 하는 걸까?"

벽에 붙어 있는 사물함을 모두 끄집어 내봤다. 그랬더니 빈 곳이 생겼다. 평소에는 그냥 아이들이 지나다니는 길목이자 교실 뒤편이 사물함을 끄집어낸 만큼의 공간이 생겼다.

'이곳에 상상을 담으면 되겠구나!'

사물함의 위치를 이리저리 옮겨 보면서 아이들의 상상을 담을 수 있는 비밀스러운 공간을 만들었다. 바닥에는 매트를 깔고 사물함으로 둘러서 밖에서는 보이지 않는 아이들만의 공간을 완성했다. 공간의 이름은 '상상 마을', 이곳이 어떤 공간으로 쓰일지는 이제 아이들의 몫이다. 난 공간의 이름만 알려줬다.

'아이들은 텅 빈 상상 마을을 무엇으로 채울까?'

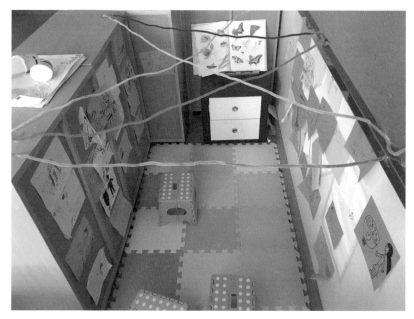

상상 마을 공간

　시작은 아침 독서 시간부터였다. 몇몇 아이들이 다가와 상상 마을에서 책을 읽고 싶다고 물어왔다. 당연히 된다고 하자 미소를 지으며 신나게 상상 마을로 갔다. 그날 이후 아침 독서 시간의 상상 마을은 아이들로 가득했다. 좁은 공간에 서로 무릎을 맞대고 마주 앉아서 책을 읽었다. 공간을 더 넓혀 조그만 서랍장과 독서대를 놓아두었고 독서대에는 아이들이 읽었으면 하는 그림책을 소개했다.

　어느 날은 공간의 벽에 낙서하는 친구들이 있어서 벽에 도화지를 붙여주거나 공책 크기의 붙임쪽지를 붙였다. 서랍장에는 색연필을 넣어두었다. 상상 마을의 벽은 곧 아이들의 작품으로 가득 찼다.

　때로는 상상 마을을 비워두어야 할 때도 생긴다. 점심시간에 친구들과 놀다가 다툼이 일어났다. 서로 기분이 상하고 상대방의 잘못을 탓하다가 그중 한 아이가 내게 찾아와서 상상 마을에 가서 친구랑 이야기 좀 하고 싶다고 물어왔다. 상상 마을을 비워줄 테니 충분히 이야기 나누라고 했다. 1학년이 이런 부탁을 내게 할 줄은 생각지도 못했다. 그런 일이 생긴 후에는 상상 마을은 종종 아이들의 속마음으로 채워졌다.

빙 둘러앉아서 놀이도 하고 이야기도 하고 싶다는 말에 상상 마을 옆에 매트를 더 깔고 텐트를 설치하여 놀이마을을 만들었다. 텐트와 맞닿은 벽은 표현 도구나 리듬악기, 놀이 도구를 놓아 연결했다. 아이들은 그곳에서 필요한 놀이 도구를 꺼냈다. 누워서 책을 읽는 독서 마을, 춤이나 공연을 할 수 있는 무대 마을 등 이후로 교실에서 필요한 공간들이 더 생겨났다. 빈 곳이 없을 것 같던 교실에 새로운 공간이 채워져 나갔다.

| 책 읽는 상상마을 | 작품 가득 상상마을 | 속마음 상상마을 |

놀이마을

🎣수업을 실천해요

○ 공간을 선으로 연결해요

교실의 책상과 의자를 이용한 활동은 구조물을 직접 연결하거나 쌓을 수 있어서 공간감을 느끼면서 표현하기에 좋은 재료가 될 수 있다. 책상과 의자를 이리저리 옮기면서 만들고 싶은 공간을 떠올리고 부족한 공간의 표현은 선을 연결하여 표현했다. 포장용 색 끈이나 색 테이프를 이용할 수도 있다. 선과 선을 연결하여 면을 만들고, 면과 면이 만나 공간을 만들었다. 눈으로 보이지는 않지만, 아이들이 연결한 선은 상상을 통해 새로운 공간으로 채워졌다.

주제는 그냥 '상상의 집'이다. 별다른 요구 없이 모둠별로 이야기를 해서 원하는 공간을 만들었다. 만드는 과정에서 공간은 쉴 새 없이 바뀌었다. 아이들을 지원하며 돌아보는 동안 완성된 공간이 처음의 모습과 같은 모둠은 없다. 또한, 공간을 만드는 과정에만 오롯이 집중하는 것은 아니었다. 자신들이 만든 공간에서 놀면서 만들었다. 이야기하면서 만들었다. 놀며 이야기하며 새로운 공간을 만들었다.

공간을 만드는 모습

○ **행복을 담은 집을 상상해요**

어릴 적 집 모양의 장난감을 가지고 놀아본 경험이 있을까? 보통 2, 3층 정도의 주택 모양의 집인데 외관의 뚜껑을 열면 집의 구조가 보이는 장난감이다. 거실도 있고 부엌, 욕실, 침실 등도 보인다. 장난감 사진을 보여주며 상상의 집을 그려보자고 안내했다.

집의 구조를 보여주는 장난감

"우리 가족이 행복헤지려면 어떤 방이 필요할까요?"

　　행복을 담은 집을 만들기 위한 공간이 무엇일지 상상해보고 예시로 보여
준 사진처럼 집을 그려보는 활동이다. 사진처럼 어떤 방인지만 구별할 수 있
으면 되고 몇 층인지, 모양은 어떤 집인지 등은 상상한 대로 표현하면 된다.
다양한 모양과 다양한 공간의 집이 완성되는데 각각의 방을 살펴보면 어떤
방을 표현한 것인지 궁금증이 커졌다. 이 활동은 집을 그려보는 활동보다
는 완성된 집을 이야기하는 시간이 더 중요하다. 행복을 담기 위해 어떤 방
이 필요한지, 난 어떤 방을 만들고 싶은지에 대해 듣는 것이 중요하다.

행복을 담은 상상의 집

- 공간을 생각하면 집이 먼저 떠오른다. 가족과 함께하는 집이 어쩌면 공간의 출발이지 않을까 생각한다. 학교나 교실이라는 공간도 있지만 집을 떠올리고 상상해보게 하고 싶었다. 그냥 막연히 떠올려보게도 하고 주제를 줄 수도 있다. 다양한 재료를 생각해 볼 수도 있다. 책상이나 의자뿐 아니라 블록이나 책을 이용해도 공간감을 표현할 수도 있다. 평면도 형태의 집을 표현할 때는 도화지가 아니라 코팅지를 이용하면 더 좋을 수 있다. 핀란드에서 참관했던 건축학교에서는 지점토나 나무 막대 등의 재료를 가지고 마을을 표현했다. 공간을 표현할 수 있는 재료는 얼마든지 바꿀 수 있고 주변에서 찾을 수 있다. 그렇지만 아이들이 수업을 통해서 공간을 바라보는 시각을 경험시켜주는 것, 공간이 비어있는 곳이 아니라 자신의 상상으로 가득 채울 수 있는 곳이라는 것은 빠지면 안 될 것이다.

- 행복을 담은 집을 완성하고 갤러리 형태로 친구들에게 집을 소개하는 시간을 가졌다. 나도 함께 이곳저곳을 돌아다니며 아이들이 완성한 집에 관해 설명을 들었다. 인상적인 것은 아이들이 만들고 싶은 방으로 '이야기를 나눌 수 있는 방'을 상당히 많이 표현했다는 점이다. 가족들이 행복해지기 위해서 함께 이야기를 나누는 시간이 중요하다고 생각하는 것 같았다. 가족 간의 대화와 소통이 중요하다는 것을 알고 있는 모습이 보기 좋기도 하지만 그만큼 가족과 충분한 이야기를 나눌 수 있는 시간이 부족해서 그런 것은 아닐까 안타까운 마음이 들기도 했다.

나만의 문화유산 안내판

💡 수업을 떠올려요

매년 계획하는 체험학습을 아이들이 스스로 계획을 세우고 진행한 적이 있다. 사회와 국어 교과와 연계하여 지역의 문화유산과 역사적 인물을 조사하고 탐방하고 싶은 지역을 선택하여 직접 탐방 계획을 짜고 실천하는 과정이다. 모둠별로 선택한 지역의 문화유산과 인물을 조사하고 1박 2일로 지역을 탐방하는 일정을 계획했다. 학급 발표를 통해 선정된 모둠은 학년 발표에서 일정을 발표하고 전체 투표를 통해 탐방 지역을 선정했다. 3월 첫 주부터 시작하는 이 프로젝트는 총 16차시로 4월까지 진행되고 탐방에서 돌아오면 학급신문과 역사지도를 제작하여 전시회를 열었다.

탐방 일정을 계획하는 모습

교사나 아이들 모두에게 매우 어려운 과정이었다. 지역에 대한 조사부터 이틀간의 일정과 프로그램을 계획한다는 것 자체가 쉽지 않은 도전이었다. 하고 싶은 프로그램이나 가고 싶은 장소만 떠올리던 아이들은 이동 시간과 동선, 숙박과 프로그램 비용까지 고려하며 일정을 계획해야 한다는 것에 놀라 했다. 교사 역시 계획한 일정을 모두 살펴보며 발표 전에 아이들의 의도에 맞는 세밀한 피드백과 지원을 해줘야 했다. 또한, 아이들이 선정한 지역과 일정에 따라 실제로 운영될 수 있도록 뒷받침해 줘야 했다.

학년 발표 모습

탐방지도 만들기

학년 발표에서 교사들이 예상했던 지역이 모두 빗나가고 전혀 생각지도 못한 지역이 선정되어 당황되기도 했다. 실제로 선정된 지역은 우리 학교가 한 번도 찾지 않는 지역이었고 방문을 했던 곳도 우리의 방문을 의아해할 정도였다. 그러나 새로운 도전과 어려운 과정을 경험한 아이들의 만족도는 어느 때보다도 높았고 지역에 대한 관심도 높았다.

우리지역 탐방 프로젝트 소감	우리지역탐방 프로젝트 소감
내가 처음으로 계획표를 짜보았는데 그래서인지 긴장되었었고 신기하고 재미도 있었다. 긴장 되었던 이유는 내가 처음 해보는거라 '잘 할수 있을까?'라는 생각을 하였기 때문이다 신기했던 이유는 내가 직접 하는게 4학년 전체가 갈 수도 있다는 생각을 하여서 이고 어떻게 재미있었냐면 내가 직접 조사해서 내가 직접 만드는게 너무 좋았기 때문이다. 그리고 내가 계획표를 짤때 힘들었는데 선생님도 그런 느낌일거 같았다. 나의 소감	탐방일정을 정할때 많은 정보가 있어야지 일정을 짜기 쉽다는 것을 알게 되었다. 처음에 정보가 부족해서 답답하고 짜증났다. 하지만 점차 정보가 많아지면서 일정을 짜게 되었다. 짜면서 안맞은 부분은 빼고 맞는 부분을 서로 맞추며 일정을 만들었다. 학급 발표를 할때 일정표를 읽고 끝냈는데 뭔가 불안감이 서려 있었다. 발표를 끝나고 개표를 하니 우리팀도 뽑혔었다. 참 놀라운 결과이다. 학년 대표하기 전날 연습하고 전지도 만들었는데 발표할때 내가 2가지를 빼먹었다. 바로 '완도의 역사속으로~~go !go!'를 외치는 것과 탐원 소개를 하지 않았던 것이다. 결과를 보았을때도 아쉬웠다. 과정은 즐거웠는데 발표결과후 여러가지로 아쉽고 속상했다. 너무 역사 탐방 위주로 짰던것이 실패의 원인이라고 생각한다.

우리지역 탐방 프로젝트 소감

그런 와중에 아이들이 자주 하던 질문이 바로 안내판이었다. 프로젝트를 진행하면서 문화유산이나 인물에 대한 조사를 위해 인터넷을 찾아보거나 안내판 사진을 살펴보면서 한자어가 많고 읽어도 무슨 뜻인지 잘 이해하기 어렵다는 것이었다. 용어 하나를 알기 위해 다시 검색해야 하는 경우가 많았다. 이런 이유로 아이들 수준에 맞은 안내판이 만들어보기로 했다. '나만의 문화유산 안내판' 만들기 프로젝트를 계획하고 교육과정 운영상 체험학습 준비와 함께 추진하기 어려워서 별도의 프로젝트로 진행했다.

수업을 실천해요

○ 문화유산과 안내판 탐색하기

첫 번째 과정은 지역의 문화유산과 그것을 소개하는 안내판을 탐색하는 것이었다. 지역에 대한 문화유산은 이미 조사를 한 경험이 있어서 아이들이 직접 가본 곳이나 잘 알고 있는 곳의 문화유산을 중심으로 찾게 했다. 평소에 관심이 있는 지역의 문화유산에 대해 살펴보면 더 좋다. 그런 다음 관련 안내판을 찾아보고 안내판 내용을 살펴봤다. 아이들은 자연스럽게 사전이나 인터넷 사전 검색을 시작했다. 그만큼 기존의 안내판이 아이들이 읽고 이해하기에 어렵다는 뜻일 것이다.

> "글씨가 너무 빽빽해요. 글이 너무 길어서 읽기가 귀찮아요.
>
> 해설사가 설명해 주면 쉽게 이해되고 재밌는데
>
> 안내판은 단어가 어렵고 재미없어요."

안내판 탐색을 통해 기존 안내판의 문제점이 무엇인지 찾아보고 쉽게 이해할 수 있는 안내판을 만들려면 어떻게 하면 좋을지 생각하게 했다.

○ 새로운 안내판 내용 제안하기

새로운 안내판에는 어떤 내용이 들어가면 좋을지 고민했다. 그러기 위해서는 문화유산에 대한 자세한 조사가 더 필요했다. 모둠별로 선택한 문화유산을 조사하고 안내판을 통해서 전달해 주고 싶은 내용을 상의했다. 너무 많은 내용을 넣으면 글이 많아져 읽기가 어렵다는 것을 알고 있어서 넣어야 할 내용에 관해 주장하고 토론을 했다. 그러는 과정에서 안내판에 들어가야 할 요소들을 자연스럽게 찾고 의견을 모았다. 어떤 모둠은 조사한 자료를 그대로 옮겨 적는 모둠도 있었다. 그럴 때는 모둠원에게 서로 적은 내용을 소개해보라고 했다. 그럼 소개가 어렵다는 것을 느끼게 된다. 무엇이 어려웠는지 알게 되면 다시 내용을 수정하기 위해 고민했다. 아이들끼리 충분히 생각을 나누고 내용을 정리하면 새로운 안내판 내용을 제안하는 발표를 준비하게 했다.

○ 새로운 안내판 내용 발표 및 피드백하기

모둠별로 제안하는 새로운 안내판 내용을 발표했다. 새로운 안내판은 내용이 줄고 설명을 돕기 위한 그림도 추가됐다. 안내판의 모양이나 재질에도 신경을 쓴 모둠도 있었다. 각자 모둠별로 새로운 안내판을 발표하면 다른 모둠은 피드백을 해줬다. 기존의 안내판보다 좋은 점, 부족한 점, 추가하면 좋을 내용 등 모둠에서 도움이 될 수 있는 말을 전했다. 피드백을 받고 나면 최종적으로 안내판 내용을 수정하고 안내판을 제작할 준비를 했다.

○ 새로운 안내판 제작하기

제작을 위해 필요한 준비물은 모둠에서 상의해서 스스로 준비했다. 하드보드지나 보드롱과 같은 것은 최근에 환경을 생각해서 가능한 사용을 지양하고 있다. 그밖에 안내판에 들어갈 사진이나 그림 도구, 안내판의 색도 고려했다. 제작 과정에서도 안내판의 내용은 수시로 바뀌었다. 또한, 내용을 정할 때는 미처 생각하지 못했던 사진의 위치나 크기, 글자의 배치나 글씨 크기 등 정해야 할 것이 많다는 것을 발견했다. 나중에는 시간이 부족하다며 시간을 더 달라는 모둠이 생겼는데, 수업 시간 이후 모둠별로 별도의 시간을 만들어 완성했다.

○ 새로운 안내판 발표하기

드디어 최종 완성된 새로운 안내판을 발표하는 시간이었다. 아이들은 기존의 안내판을 보여주며 어떤 문제점이 있었는지, 무엇을 새롭게 만들었는지, 새로운 안내판의 내용에는 무엇이 있는지 등 새로운 안내판을 만들었던 과정을 자세히 소개했다. 완성된 작품 발표 후에는 모둠별로 작품을 전시하는 공간을 나누고 돌아다니며 친구들의 작품에 대해 질문을 하고 피드백을 나눴다. 나도 함께 돌면서 아이들에게 피드백을 전했다.

새로운 안내판 작품과 발표 모습

- 문화유산 안내판을 제작하는 과정에서 아이들이 멋진 안내판을 만들면 관련 지역 관공서에 보내 멋지게 홍보를 해야지 하는 기대를 했다. 그런데 실제 결과물을 보니 기대보다 완성도가 떨어졌다. 부족한 것들이 많이 보였다. 그런 기대가 욕심으로 돌아와 자꾸 아이들에게 무엇인가를 요구하는 내 모습을 발견하곤 했다. 아이들의 노력과 생각이 담긴 작품을 인정해 주지 못한 꼴이 된 것이다. 지금 생각하면 부끄럽고 아쉬움이 많이 남는 행동이었다. 교사의 기대와 욕심이 아이들의 지원을 위한 것인지 고민해볼 필요가 있는 경험이었다.

- 아이들의 가능성은 우리가 생각하는 것보다 크다는 말을 책을 통해서든 주변의 말을 통해서든 많이 들을 수 있는데 그것을 실제로 경험한 시간이었다. 부족함이 있고 의도나 예상과 다르게 빗나가기도 하지만, 아마도 그것은 교사의 시선이지 않을까 생각한다. 아이들의 시선에서 그들은 자신만의 방향과 방법으로 목적지에 도달했고 그 과정에서 많은 것을 경험했다. 가능성이나 한계를 정하는 것은 오히려 교사가 아닐지 조심스러운 생각이 들기도 했다. 아이들의 학력, 환경, 여건 등의 외부적인 조건에 의해 아이들을 미리 단정했던 경험이 나에게도 있었다. 교사는 아이들의 방향과 방법을 지원해 주는 역할이라는 것을 다시금 되새겼다.

움직이다, 공감하다.

수업을 떠올려요

교육부에서 주최하는 예술교육 역량 강화 연수가 있다. 일 년에 두 차례 운영하는데 지역별로 적은 인원을 추천하기 때문에 재빨리 신청하지 않으면 참여가 어렵다. 본인도 여러 차례 선정되지 못했다가 앞서 선정된 선생님이 연수를 포기해서 참여하게 됐다. 다양한 예술 분야에 대한 기본적인 과정을 경험하고 심화 과정을 선택하여 연수를 받았다. 매년 아이들과 창작 뮤지컬을 제작해온 터라 심화 과정에서 뮤지컬 분야 연수를 들어볼까 하다가 문득 무용을 들어보고 싶다는 생각이 들었다. '움직임'에 대해 알아보고 싶어서였다. 평소 춤이나 움직임과는 거리가 멀었기에 넓은 무용실에 들어서기가 겁이 났다. 어색함이 가득했다. 수업 시작부터 몸을 움직이고 마주하는 과정이 힘들게 느껴지기도 했다. 어느 정도 수업에 익숙해지고 어색하던 움직임도 편안해질 무렵 기억에 남는 활동을 경험하게 되었다.

무대가 있다고 가정을 하고 무대를 색 테이프로 세 등분하여 가운데 공간은 비워두고 양옆으로 서고 싶은 곳으로 이동했다. 잔잔한 배경음악과 함께 무대 뒤 배경으로 프레젠테이션에 문장 하나가 등장했다. 그럼 문장에 해당되는 선생님들은 가운데로 모여 문장과 관련된 자신만의 동작을 취했다. 각자 자유롭게 자신만의 움직임을 표현했다. 여러 명이 모여 서로 동작을 연결하기도 하고 함께 동작을 취하기도 했다. 그러다가 사진을 찍듯 움직임을 잠깐 멈추고 다시 제자리로 돌아갔다.

"나는 차를 타고 왔다.

나는 지금 사랑에 빠져있다."

　일상적인 가벼운 물음에서부터 감정과 속마음에 관련된 문장 표현활동을 진행하는 동안 우리는 서로에 대해 조금씩 알아 가는 느낌이었다. 친근함이 생겼다고 표현하면 맞을까? 같은 문장을 움직임으로 표현하면서 이 사람도 나와 비슷한 마음을 갖고 있구나라는 감정을 느끼곤 했다. 이런 경험이 곧 공감이다. 이토록 좋은 경험을 그냥 넘길 수 없었다. 연수에서 돌아와 바로 수업에 적용해보기 위해 교육과정을 살폈다.

수업을 실천해요

　도덕 교과에서 서로 다른 문화에 대한 존중을 배우는데 움직임 활동으로 연결했다. 첫 번째 수업에서는 서로 다른 문화를 존중한다는 것이 어떤 의미인지 떠올리게 했다. '같다 와 다르다', '맞다 와 틀리다'의 차이를 살폈다. 서로 다른 문화를 존중한다는 것은 서로 다름을 인정하는 것, 상대의 시선에서 바라볼 수 있는 것이라는 이해와 함께 '공감'이라는 말을 사용했다. 그리고 다음 시간 '다름에서 같음을 발견해보자'라는 주제로 움직임 수업을 진행했다.

　아이들의 관점에서 어떤 물음을 제시해 주는 것이 좋을지 고민하면서 가벼운 학교생활과 관련한 물음으로 시작해서 점점 속마음을 나타낼 수 있는 것으로 제시했다. 해당하는 아이들은 교실 가운데로 나와서 어울리는 움직임을 표현하다가 '하나, 둘, 셋, 찰칵'이라는 구호에 따라 모두 함께 정지 동작으로 장면을 표현한 후에 제자리로 돌아가게 했다. 이 과정을 영상으로 촬영하면 하나의 움직임 작품이 완성된다.

"서로 다른 우리 무엇이 같을까?"

"체육 수업이 좋은 사람, 선생님께 혼이 난 적이 있는 사람,
꾀병을 부린 적이 있는 사람, 동물을 키우거나 키워보고 싶은 사람,
단짝 친구가 있는 사람, 빨리 어른이 되고 싶은 사람,
친구의 비밀을 알고 있는 사람, 꿈이 있는 사람,
가끔 학교 가기가 싫었던 적이 있는 사람,
친구에게 상처 주는 말을 해본 적이 있는 사람,
부모님이 미웠던 적이 있는 사람, 친구가 슬플 때 위로해 준 적이 있는 사람,
친구나 부모님께 고맙다고 말하고 싶은 사람 등"

여러 질문이 이어지면서 아이들은 놀이처럼 교실 가운데로 모여들어 움직임을 표현했다. 뒷부분으로 가면서 어느 정도 진지한 물음이 나올 때는 어떻게 움직이면 좋을지 신중하게 고민하다 움직임을 표현했다. 과정이 진행되면서 누가 어떤 물음에 나왔고 나와 같은 물음에 나온 친구가 누구인지 서로 알게 됐다.

"너도 친구한테 상처 준 적 있었어? 미안하다고 했어? 난 못 했는데"

비슷한 경험, 비슷한 감정을 갖는 친구의 모습을 보며 아이들은 서로가

마음을 공유하고 있다는 것을 발견했다. 다르지만 같은 감정을 느끼며 생활하고 있다는 것을 느꼈다. 그러한 느낌을 소감으로 표현해보기도 하고 한 문장으로 나타내기도 하면서 활동을 마무리 지었다.

움직임 표현 모습

🩴 수업을 돌아봐요

- 무용 수업에서 경험했던 움직임 활동은 실제 비슷한 과정으로 진행된 'All that we share'라는 덴마크의 영상이 모티브가 되었다. 서로 다른 집단, 다른 부류라고 생각하는 사회 구성원들이 한곳에 모여 같은 부류의 사람끼리 서 있는데, 서로를 경계하고 의식하면서 사회자의 질문에 해당하는 사람은 마련된 무대 앞으로 나아가 섰다가 제자리로 돌아갔다. 질

문은 이어지고 해당되는 사람들이 무내를 오가면서 서로 다르다고 생각하던 사람들이 나와 공유하고 있는 것이 제법 많다는 것을 발견하게 되면서 표정이 바뀌어 가는 것을 볼 수 있다.

이처럼 우리는 주변의 사람들과 생각보다 많은 것을 공유하고 비슷한 생각을 가지며 서로를 공감할 수 있는 준비가 되어 있다는 것을 느끼게 해주는 영상이었다. 그러한 과정을 아이들도 느끼고 결국엔 다른 사람을 공감할 수 있는 경험이 되길 바라는 마음으로 수업을 준비했다. 수업을 떠올리게 해줬던 무용 연수가 참으로 고맙게 느껴지는 순간이다. 그리고 예술교육의 궁극적인 목적도 이렇게 타인을 공감할 수 있는 사람으로 성장하길 바라는 것이다.

- 아이들에게 했던 질문 중에 '친구, 부모, 가족'과 관련된 질문을 많이 했었는데, 아마도 내가 공감을 바라는 사람들을 대상으로 떠올려 질문을 만들었기 때문인 것 같다. 그런 이유로 가족에 대한 공감을 갖게 하기 위해 아이들과 매년 진행하는 것이 있는데 '가족과 함께하는 주말 미션'이 바로 그것이다. 3월 첫 주부터 매주 주말마다 미션을 하나씩 줬다. 그리고 미션의 결과를 사진으로 남기게 했다. 찍은 사진은 학급 SNS에 올려서 함께 공유했다. 의무 사항은 아니다. 할 수 있는 아이들, 하고 싶은 아이들만 참여해도 좋다고 했다. 다만 이러한 활동을 하는 이유와 교사의 바람을 이야기하면서 함께 참여하자고 권유했다. 제법 많은 아이가 여건에 맞춰 참여했다. 지금껏 해왔던 미션을 살펴보면,

"발 씻어 드리기, 꼭 안아드리기, 어깨 주물러 드리기, 뽀뽀해드리기,

봄을 찾아 함께하기, 감자 구워 먹기, 목욕탕 가기, 따뜻한 차 마시기,

손발톱 잘라드리기, 간식 만들기, 빗소리 듣기, 산책하기, 설거지하기,

여름 과일 먹기, 실내화 빨래하기, 시원한 팥빙수 만들어 먹기,

고마운 마음 표현하기,

빨래 정리하기, 가족과 영화 보기, 부침개 만들어 먹기, 집 전기 모두 끄기,

가족사진첩 보며 이야기 나누기, 가족 관계도 그리기, 나만의 공연 선보이기,

집 주변에서 가을 찾기, 구름 사진 찍고 이야기 만들기, 투표소 함께 가기,

가을을 주제로 시화 만들기, 특별한 장소에서 책 읽기, 가족과 대청소하기,

가족과 놀이하기, 가족회의하기, 호빵, 붕어빵, 어묵 먹기, 식사 차려드리기,

크리스마스트리 만들기, 새해 소원 편지 쓰기, 새해맞이 일출 보기 등"

가족과 함께할 수 있는 시간을 일부러라도 만들고 실천하길 바라는 마음으로 미션을 제시하고 그 시간을 통해 가족과 이야기 나누고 공감하는 시간을 갖길 바랐다.

하늘과 바람과 별과 시

🎐수업을 떠올려요

　오래전 알뜰장터에서 시집을 한 권 샀다. 천 원을 주고 산 시집은 윤동주의 '하늘과 바람과 별과 시'이다. 책꽂이에 넣어두고 시간이 될 때면 꺼내어 읽어보곤 했는데, 저항 시인으로 알려진 윤동주의 시에는 동시처럼 느껴지는 시들이 상당히 많았다. 시의 표현 안에 담긴 의미가 있기는 하겠지만 그 자체로 군더더기 없고 순수한 느낌을 전해주는 시들이 참 좋았다. 그런 시들을 즐겨 보다가 아이들과 나눠도 좋을 것 같다는 생각이 들어서 매주 아이들에게 윤동주 시를 한 편씩 소개했다. 그게 매년 이어지면서 수업으로 연결되기도 하고 윤동주 탄생 100주년이 되던 해에는 프로젝트 수업으로 이어지기도 했다.

🎐수업을 실천해요

　3월이 되면 아이들에게 윤동주를 소개하며 시 한 편을 들려줬다. 이 활동을 하면 항상 처음으로 소개해 주는 시가 있는데, 바로 '새로운 길'이다.

새로운 길

윤동주

내를 건너서 숲으로
고개를 넘어서 마을로

어제도 가고 오늘도 갈

나의 길 새로운 길

민들레가 피고 까치가 날고

아가씨가 지나고 바람이 일고

나의 길은 언제나 새로운 길

오늘도……. 내일도…….

내를 건너서 숲으로

고개를 넘어서 마을로

그리고 앞으로 윤동주 시와 함께할 활동 과정을 알려줬다. 매주 금요일이 되면 윤동주 시 한 편을 학급 누리집이나 SNS에 간단한 질문과 함께 올렸다.

"시를 읽고 궁금한 점은?

시인은 어떤 마음이었을까요?

시를 읽고 무엇이 떠올랐나요?

윤동주는 반딧불을 뭐라고 했나요?

여러분이라면 반딧불을 무엇이라고 표현하고 싶나요?

'가릉가릉, 소올소올'을 바꾼다면 무엇으로 바꾸고 싶나요? 등"

아이들은 댓글을 달기도 하고 시 공책을 만들어서 윤동주의 시를 따라 적고 그 옆 장에는 같은 제목으로 자신이 쓴 시를 표현하기도 했다. 그런 과정으로 '봄, 반딧불, 무얼 먹고 사나, 굴뚝 등' 매주 한 편씩 시를 함께 낭송하고 집에서도 낭송해보게 했다.

대나무 터널 앞 단체사진

감자 먹는 모습

움직임으로 표현하는 모습

함께 시를 낭송하는 모습

자유롭게 시를 쓰는 모습

'굴뚝'이라는 시를 소개할 때는 시의 표현처럼 감자를 굽는 모습을 떠올리며 직접 아이들과 함께 감자를 구워 먹기도 했다. 그럴 때는 학교 근처 잔디밭과 나무가 우거진 곳으로 찾아가 둘러앉아 시를 낭송하기도 했다. 시 속의 표현을 움직임으로 나타내보기도 했다. 구워온 감자를 먹으면서 자유롭게 돌아다니며 자신의 기분을 시로 표현해보기도 했다. 가는 길에 대나무로 둘러싸인 터널 같은 곳이 있어서 함께 단체 사진을 찍기도 했다. 듣기만 해도 여유롭고 행복한 느낌이 드는 시간이었다.

윤동주와 윤동주의 시를 오랫동안 기억하고 다른 친구들에게 알릴 수 있는 방법을 찾기 위한 프로젝트를 진행하기도 했다. '윤동주에 대한 미니 책 만들기, 윤동주 책갈피, 과자 속의 윤동주, 윤동주 시 목걸이, 시 광고, 윤동주 시로 만든 우산, 찾아가는 윤동주 도전 골든벨 등'모둠별로 여러 가지 방법을 떠올리고 실제로 제작하여 학교 곳곳을 돌아다니며 홍보를 했다.

윤동주 책갈피

- 소개된 수업 과정은 일 년 동안 꾸준히 실천하는 게 가장 중요하다. 그 과정 속에 시 낭송, 시화 만들기, 움직임 표현, 프로젝트 수업, 오브제를 활용한 시적인 표현 등 다양한 예술 수업을 운영하며 윤동주를 느끼고 그의 시를 마음에 담게 했다. 이러한 과정은 때로는 특별한 아이와의 만남을 연결해 주기도 했다. 꿈이 화가인 이 아이는 시화를 통해 시를 잘 표현했는데, 나만의 시를 쓸 때도 남다른 관찰로 사물을 바라보고 특징을 시로 잘 표현하곤 했다. 이 아이가 방학 동안 특별한 시집을 만들어와 선물로 주었다. '지우개, 지렁이, 몽당연필, 개학, 고양이, 아기, 텔레비전, 솜사탕, 놀기, 비빔밥' 10편의 시를 한 편 한 편 정성스럽게 시화로 표현하여 엮은 시집은 나에게 또 하나의 큰 보물이 되었다. 그리고 그해 아이는 '옆집 아줌마'라는 시로 펄벅 기념 문학상을 받았다.

루희의 생각그리기 시집

펄벅 기념 문학상 수장작 '옆집 아줌마'

- 예술 수업이 위 아이처럼 재능이 있거나 특정한 아이에게만 영향을 미친다고 생각하지 않는다. 드러난 결과나 성과로 판단되는 것은 아니기 때문이다. 수업에 참여했던 모든 아이 역시 활동을 통해 예술적인 감성을 느끼고 충분히 표현하고 경험을 해나간다. 그러한 경험이 일상으로 이어져 각자의 예술 언어로 자신을 발견하고 표현하는 순간이 찾아올 것이다. 아이들은 충분한 역량을 갖고 있으며 아이들은 예술을 충분히 즐기고 느낄 줄 알기 때문이다.

미완의 책에서 성장을 바라다

이 책은 미완의 책이면서 욕심이 가득한 책이다.

예술교육에 대한 막연한 나의 바람과 그 바람을 교실에서 막무가내로 실천하려 했던 수업 사례가 미완이다. 바람을 이루고 싶다는 강한 열정, 잘못된 길을 가진 않을까? 하는 의문을 품은 채 수업의 실천 방향을 확인하고 또 확인했다. 책과 논문을 찾아보고 연구를 했지만 처음 가는 길이라 주먹구구 미완의 시간일 수밖에 없었다. 결국 전달하고 싶었던 예술의 의미와 예술교육의 의미, 예술철학에 대한 탐구 또한 미완이 되고 말았다. 어찌 보면 이 책은 거꾸로 쓴 책과 같다. 어릴 적 수학을 공부할 때, 기출문제의 답을 먼저 확인하고 문제를 해결하면서 문제에 적용되었던 수학적 원리를 공부하던 방법처럼 말이다. 명확한 결론이 없는 채로 일단 실천해보자는 무모함! 예술과 예술교육의 의미를 찾고, 미적체험의 원리를 발견하려고 했으나 역부족이었다. 수학에는 정답이 있다. 하지만 예술에는 정답이 없다. 예술 수업 또한 정답이 없다. 그걸 알고 출발했기에 지금도 고민 중이다. 어떻게 하면 아이들에게 더 나은 방법으로 예술을 전할까? 사고하고 노력하지만 정답이 없기에 나의 노력 또한 아직도 미완 중이다.

그럼에도 이 책에 예술교육의 의미를 담고자 했다. 그것을 통해 교육과 예술, 예술교육의 방향과 실천을 담고자 했다. 그야말로 욕심이 가득한 책이 아닐 수 없다. 아무래도 내 성격과 닮은 구석이 많은 책일지도 모르겠다.

조금 더 욕심을 내본다. 미완의 이 책이 소통의 통로이자 공감의 책이 되길 기원해본다.

얕은 지식과 인용으로 예술교육에 대해 엉성한 전개가 드러날까 봐 민망하다. 그렇지만 내가 생각하는 예술교육과 철학은 이런 것이 아닐까? 끊임없이 묻고 답하며 노력했다. 나의 문제 제기가 예술교육의 소통 창고가 되길 감히 욕심내어 본다.

명확한 정의 없이 주관적인 생각으로 예술과 예술교육의 의미를 던졌으니 이점 참고하길 바란다. 그리고 이 책을 참고하여 각자가 더 나은 다른 방식으로 의미를 찾아가길 바란다. 우리가 바라는 예술교육의 방향은 무엇일지 함께 고민하고 소통하는 경험이 되길 바란다.

또한, 미적체험을 통해 교실에서 아이들과 실천했던 수업 경험을 함께 나누면서 비록 부족함은 있겠지만 이렇게도 해볼 수 있겠구나, 이 사람은 이런 마음으로 수업을 실천했구나. 조금이라도 공감을 일게 하는 책이 되길 바란다.

끝으로 미완의 이 책이 읽혀지고 피드백 되어져 읽는 이의 완성된 책으로 성장하는 밑거름이 되길 바란다.

김순오

삶의 행복을 꿈꾸는 교육은 어디에서 오는가?

● **교육혁명을 앞당기는 배움책 이야기** 혁신교육의 철학과 잉걸진 미래를 만나다!

한국교육연구네트워크 총서

 01 핀란드 교육혁명
한국교육연구네트워크 엮음 | 320쪽 | 값 15,000원

 02 일제고사를 넘어서
한국교육연구네트워크 엮음 | 284쪽 | 값 13,000원

 03 새로운 사회를 여는 교육혁명
한국교육연구네트워크 엮음 | 380쪽 | 값 17,000원

 04 교장제도 혁명
한국교육연구네트워크 엮음 | 268쪽 | 값 14,000원

 05 새로운 사회를 여는 교육자치 혁명
한국교육연구네트워크 엮음 | 312쪽 | 값 15,000원

 06 혁신학교에 대한 교육학적 성찰
한국교육연구네트워크 엮음 | 308쪽 | 값 15,000원

 07 진보주의 교육의 세계적 동향
한국교육연구네트워크 엮음 | 324쪽 | 값 17,000원
2018 세종도서 학술부문

 08 더 나은 세상을 위한 학교혁명
한국교육연구네트워크 엮음 | 404쪽 | 값 21,000원
2018 세종도서 교양부문

 09 비판적 실천을 위한 교육학
이윤미 외 지음 | 448쪽 | 값 23,000원
2019 세종도서 학술부문

 10 마을교육공동체운동:
세계적 동향과 전망
심성보 외 지음 | 376쪽 | 값 18,000원

 11 학교 민주시민교육의 세계적 동향과 과제
심성보 외 지음 | 308쪽 | 값 16,000원

 12 학교를 민주주의의 정원으로
가꿀 수 있을까?
성열관 외 지음 | 272쪽 | 값 16,000원

한국교육연구네트워크 번역 총서

 01 프레이리와 교육
존 엘리아스 지음 | 한국교육연구네트워크 옮김
276쪽 | 값 14,000원

 02 교육은 사회를 바꿀 수 있을까?
마이클 애플 지음 | 강희룡·김선우·박원순·이형빈 옮김
356쪽 | 값 16,000원

 03 비판적 페다고지는
세상을 변화시킬 수 있는가?
Seewha Cho 지음 | 심성보·조시화 옮김 | 280쪽 | 값 14,000원

 04 마이클 애플의 민주학교
마이클 애플·제임스 빈 엮음 | 강희룡 옮김 | 276쪽 | 값 14,000원

 05 21세기 교육과 민주주의
넬 나딩스 지음 | 심성보 옮김 | 392쪽 | 값 18,000원

 06 세계교육개혁:
민영화 우선인가 공적 투자 강화인가?
린다 달링-해먼드 외 지음 | 심성보 외 옮김 | 408쪽 | 값 21,000원

 07 콩도르세, 공교육에 관한 다섯 논문
니콜라 드 콩도르세 지음 | 이주환 옮김 | 300쪽 | 값 16,000원
2019 세종도서 학술부문

 08 학교를 변론하다
얀 마스켈라인·마틴 시몬스 지음 | 윤선인 옮김
252쪽 | 값 15,000원

 혁신학교
성열관·이순철 지음 | 224쪽 | 값 12,000원

 행복한 혁신학교 만들기
초등교육과정연구모임 지음 | 264쪽 | 값 13,000원

 서울형 혁신학교 이야기
이부영 지음 | 320쪽 | 값 15,000원

 혁신교육, 철학을 만나다
브렌트 데이비스·데니스 수마라 지음
현인철·서용선 옮김 | 304쪽 | 값 15,000원

 대한민국 교사, 어떻게 가르칠 것인가?
윤성관 지음 | 320쪽 | 값 15,000원

● 비고츠키 선집 시리즈 발달과 협력의 교육학 어떻게 읽을 것인가?

 생각과 말
레프 세묘노비치 비고츠키 지음
배희철·김용호·D. 켈로그 옮김 | 690쪽 | 값 33,000원

 도구와 기호
비고츠키·루리야 지음 | 비고츠키 연구회 옮김
336쪽 | 값 16,000원

 어린이 자기행동숙달의 역사와 발달 I
L.S. 비고츠키 지음 | 비고츠키 연구회 옮김
564쪽 | 값 28,000원

 어린이 자기행동숙달의 역사와 발달 II
L.S. 비고츠키 지음 | 비고츠키 연구회 옮김
552쪽 | 값 28,000원

 어린이의 상상과 창조
L.S. 비고츠키 지음 | 비고츠키 연구회 옮김
280쪽 | 값 15,000원

 비고츠키와 인지 발달의 비밀
A.R. 루리야 지음 | 배희철 옮김 | 280쪽 | 값 15,000원

 수업과 수업 사이
비고츠키 연구회 지음 | 196쪽 | 값 12,000원

 비고츠키의 발달교육이란 무엇인가?
비고츠키교육학실천연구모임 지음 | 412쪽 | 값 21,000원

 **비고츠키 철학으로 본
핀란드 교육과정**
배희철 지음 | 456쪽 | 값 23,000원

 성장과 분화
L.S. 비고츠키 지음 | 비고츠키 연구회 옮김
308쪽 | 값 15,000원

 연령과 위기
L.S. 비고츠키 지음 | 비고츠키 연구회 옮김
336쪽 | 값 17,000원

 의식과 숙달
L.S 비고츠키 | 비고츠키 연구회 옮김
348쪽 | 값 17,000원

 분열과 사랑
L.S. 비고츠키 지음 | 비고츠키 연구회 옮김
260쪽 | 값 16,000원

 성애와 갈등
L.S. 비고츠키 지음 | 비고츠키 연구회 옮김
268쪽 | 값 17,000원

 관계의 교육학, 비고츠키
진보교육연구소 비고츠키교육학실천연구모임 지음
300쪽 | 값 15,000원

 비고츠키 생각과 말 쉽게 읽기
진보교육연구소 비고츠키교육학실천연구모임 지음
316쪽 | 값 15,000원

 교사와 부모를 위한 비고츠키 교육학
카르포프 지음 | 실천교사번역팀 옮김 | 308쪽 | 값 15,000원

 아이들을 어떻게 가르칠 것인가
사토 마나부 지음 | 박찬영 옮김 | 232쪽 | 값 13,000원

 모두를 위한 국제이해교육
한국국제이해교육학회 지음 | 364쪽 | 값 16,000원

 경쟁을 넘어 발달 교육으로
현광일 지음 | 288쪽 | 값 14,000원

 혁신교육 존 듀이에게 묻다
서용선 지음 | 292쪽 | 값 14,000원

 다시 읽는 조선 교육사
이만규 지음 | 750쪽 | 값 33,000원

 대한민국 교육혁명
교육혁명공동행동 연구위원회 지음 | 224쪽 | 값 12,000원

 독일 교육, 왜 강한가?
박성희 지음 | 324쪽 | 값 15,000원

 핀란드 교육의 기적
한넬레 니에미 외 엮음 | 장수명 외 옮김 | 456쪽 | 값 23,000원

 한국 교육의 현실과 전망
심성보 지음 | 724쪽 | 값 35,000원

4·16, 질문이 있는 교실 마주이야기 통합수업으로 혁신교육과정을 재구성하다!

통하는 공부
김태호·김형우·이경석·심우근·허진만 지음
324쪽 | 값 15,000원

내일 수업 어떻게 하지?
아이함께 지음 | 300쪽 | 값 15,000원
2015 세종도서 교양부문

인간 회복의 교육
성래운 지음 | 260쪽 | 값 13,000원

교과서 너머 교육과정 마주하기
이윤미 외 지음 | 368쪽 | 값 17,000원

**수업 고수들
수업·교육과정·평가를 말하다**
박현숙 외 지음 | 368쪽 | 값 17,000원

도덕 수업, 책으로 묻고 윤리로 답하다
울산도덕교사모임 지음 | 320쪽 | 값 15,000원

체육 교사, 수업을 말하다
전용진 지음 | 304쪽 | 값 15,000원

교실을 위한 프레이리
아이러 쇼어 엮음 | 사람대사람 옮김 | 412쪽 | 값 18,000원

마을교육공동체란 무엇인가?
서용선 외 지음 | 360쪽 | 값 17,000원

교사, 학교를 바꾸다
정진화 지음 | 372쪽 | 값 17,000원

**함께 배움
학생 주도 배움 중심 수업 이렇게 한다**
니시카와 준 지음 | 백경석 옮김 | 280쪽 | 값 15,000원

공교육은 왜?
홍섭근 지음 | 352쪽 | 값 16,000원

**자기혁신과 공동의 성장을 위한
교사들의 필리버스터**
윤양수·원종희·장군·조경삼 지음 | 280쪽 | 값 14,000원

함께 배움 이렇게 시작한다
니시카와 준 지음 | 백경석 옮김 | 196쪽 | 값 12,000원

함께 배움 교사의 말하기
니시카와 준 지음 | 백경석 옮김 | 188쪽 | 값 12,000원

교육과정 통합, 어떻게 할 것인가?
성열관 외 지음 | 192쪽 | 값 13,000원

미래교육의 열쇠, 창의적 문화교육
심광현·노명우·강정석 지음 | 368쪽 | 값 16,000원

주제통합수업, 아이들을 수업의 주인공으로!
이윤미 외 지음 | 392쪽 | 값 17,000원

수업과 교육의 지평을 확장하는 수업 비평
윤양수 지음 | 316쪽 | 값 15,000원
2014 문화체육관광부 우수교양도서

교사, 선생이 되다
김태은 외 지음 | 260쪽 | 값 13,000원

교사의 전문성, 어떻게 만들어지나
국제교원노조연맹 보고서 | 김석규 옮김 392쪽 | 값 17,000원

수업의 정치
윤양수·원종희·장군 지음 | 280쪽 | 값 14,000원

**학교협동조합,
현장체험학습과 마을교육공동체를 잇다**
주수원 외 지음 | 296쪽 | 값 15,000원

**거꾸로 교실,
잠자는 아이들을 깨우는 수업의 비밀**
이민경 지음 | 280쪽 | 값 14,000원

교사는 무엇으로 사는가
정은균 지음 | 292쪽 | 값 15,000원

마음의 힘을 기르는 감성수업
조선미 외 지음 | 300쪽 | 값 15,000원

작은 학교 아이들
지경준 엮음 | 376쪽 | 값 17,000원

아이들의 배움은 어떻게 깊어지는가
이시이 준지 지음 | 방지현·이창희 옮김 | 200쪽 | 값 11,000원

대한민국 입시혁명
참교육연구소 입시연구팀 지음 | 220쪽 | 값 12,000원

교사를 세우는 교육과정
박승열 지음 | 312쪽 | 값 15,000원

전국 17명 교육감들과 나눈 교육 대담
최창의 대담·기록 | 272쪽 | 값 15,000원

들뢰즈와 가타리를 통해 유아교육 읽기
리세롯 마리엣 올슨 지음 | 이연선 외 옮김 | 328쪽 | 값 17,000원

학교 혁신의 길, 아이들에게 묻다
남궁상운 외 지음 | 272쪽 | 값 15,000원

프레이리의 사상과 실천
사람대사람 지음 | 352쪽 | 값 18,000원
2018 세종도서 학술부문

혁신학교, 한국 교육의 미래를 열다
송순재 외 지음 | 608쪽 | 값 30,000원

페다고지를 위하여
프레네의 『페다고지 불변요소』 읽기
박찬영 지음 | 296쪽 | 값 15,000원

노자와 탈현대 문명
홍승표 지음 | 284쪽 | 값 15,000원

선생님, 민주시민교육이 뭐예요?
염경미 지음 | 244쪽 | 값 15,000원

어쩌다 혁신학교
유우석 외 지음 | 380쪽 | 값 17,000원

미래, 교육을 묻다
정광필 지음 | 232쪽 | 값 15,000원

대학, 협동조합으로 교육하라
박주희 외 지음 | 252쪽 | 값 15,000원

입시, 어떻게 바꿀 것인가?
노기원 지음 | 306쪽 | 값 15,000원

촛불시대, 혁신교육을 말하다
이용관 지음 | 240쪽 | 값 15,000원

라운드 스터디
이시이 데루마사 외 엮음 | 224쪽 | 값 15,000원

미래교육을 디자인하는 학교교육과정
박승열 외 지음 | 348쪽 | 값 18,000원

흥미진진한 아일랜드 전환학년 이야기
제리 제퍼스 지음 | 최상덕·김호원 옮김 | 508쪽 | 값 27,000원

폭력 교실에 맞서는 용기
따돌림사회연구모임 학급운영팀 지음 | 272쪽 | 값 15,000원

그래도 혁신학교
박은혜 외 지음 | 248쪽 | 값 15,000원

학교는 어떤 공동체인가?
성열관 외 지음 | 228쪽 | 값 15,000원

학교 민주주의의 불한당들
정은균 지음 | 276쪽 | 값 14,000원

교육과정, 수업, 평가의 일체화
리사 카터 지음 | 박승열 외 옮김 | 196쪽 | 값 13,000원

학교를 개선하는 교장
지속가능한 학교 혁신을 위한 실천 전략
마이클 풀란 지음 | 서동연·정효준 옮김 | 216쪽 | 값 13,000원

공자뎐, 논어는 이것이다
유문상 지음 | 392쪽 | 값 18,000원

교사와 부모를 위한
발달교육이란 무엇인가?
현광일 지음 | 380쪽 | 값 18,000원

교사, 이오덕에게 길을 묻다
이무완 지음 | 328쪽 | 값 15,000원

낙오자 없는 스웨덴 교육
레이프 스트란드베리 지음 | 변광수 옮김 | 208쪽 | 값 13,000원

끝나지 않은 마지막 수업
장석웅 지음 | 328쪽 | 값 20,000원

경기꿈의학교
진흥섭 외 지음 | 360쪽 | 값 17,000원

학교를 말한다
이성우 지음 | 292쪽 | 값 15,000원

행복도시 세종, 혁신교육으로 디자인하다
곽순일 외 지음 | 392쪽 | 값 18,000원

나는 거꾸로 교실 거꾸로 교사
류광모·임정훈 지음 | 212쪽 | 값 13,000원

교실 속으로 간 이해중심 교육과정
온정덕 외 지음 | 224쪽 | 값 13,000원

교실, 평화를 말하다
따돌림사회연구모임 초등우정팀 지음 | 268쪽 | 값 15,000원

학교자율운영 2.0
김용 지음 | 240쪽 | 값 15,000원

학교자치를 부탁해
유우석 외 지음 | 252쪽 | 값 15,000원

국제이해교육 페다고지
강순원 외 지음 | 256쪽 | 값 15,000원

교사 전쟁
다나 골드스타인 지음 | 유성상 외 옮김 | 468쪽 | 값 23,000원

시민, 학교에 가다
최형규 지음 | 260쪽 | 값 15,000원

학교를 살리는 회복적 생활교육
김민자·이순영·정선영 지음 | 256쪽 | 값 15,000원

교사를 위한 교육학 강의
이형빈 지음 | 336쪽 | 값 17,000원

새로운학교 학생을 날게 하다
새로운학교네트워크 총서 02 | 408쪽 | 값 20,000원

세월호가 묻고 교육이 답하다
경기도교육연구원 지음 | 214쪽 | 값 13,000원

미래교육, 어떻게 만들어갈 것인가?
송기상·김성천 지음 | 300쪽 | 값 16,000원
2019 세종도서 교양부문

교육에 대한 오해
우문영 지음 | 224쪽 | 값 15,000원

혁신교육지구 현장을 가다
이용운 외 지음 | 348쪽 | 값 18,000원

배움의 독립선언, 평생학습
정민승 지음 | 240쪽 | 값 15,000원

선생님, 페미니즘이 뭐예요?
염경미 지음 | 280쪽 | 값 15,000원

평화의 교육과정 섬김의 리더십
이준원·이형빈 지음 | 292쪽 | 값 16,000원

수포자의 시대
김성수·이형빈 지음 | 252쪽 | 값 15,000원

혁신학교와 실천적 교육과정
신은희 지음 | 236쪽 | 값 15,000원

삶의 시간을 잇는 문화예술교육
고영직 지음 | 292쪽 | 값 16,000원

혐오, 교실에 들어오다
이혜정 외 지음 | 232쪽 | 값 15,000원

혁신교육지구와 마을교육공동체는 어떻게 만들어지는가?
김태정 지음 | 376쪽 | 값 18,000원

선생님, 특성화고 자기소개서 어떻게 써요?
이지영 지음 | 322쪽 | 값 17,000원

학생과 교사, 수업을 묻다
전용진 지음 | 344쪽 | 값 18,000원

혁신학교의 꽃, 교육과정 다시 그리기
안재일 지음 | 344쪽 | 값 18,000원

살림터 참교육 문예 시리즈 영혼이 있는 삶을 가르치는 온 선생님을 만나다!

꽃보다 귀한 우리 아이는
조재도 지음 | 244쪽 | 값 12,000원

성깔 있는 나무들
최은숙 지음 | 244쪽 | 값 12,000원

아이들에게 세상을 배웠네
명혜정 지음 | 240쪽 | 값 12,000원

밥상에서 세상으로
김흥숙 지음 | 280쪽 | 값 13,000원

우물쭈물하다 끝난 교사 이야기
유기창 지음 | 380쪽 | 값 17,000원

선생님이 먼저 때렸는데요
강병철 지음 | 248쪽 | 값 12,000원

서울 여자, 시골 선생님 되다
조경선 지음 | 252쪽 | 값 12,000원

행복한 창의 교육
최창의 지음 | 328쪽 | 값 15,000원

북유럽 교육 기행
정애경 외 14인 지음 | 288쪽 | 값 14,000원

시험 시간에 웃은 건 처음이에요
조규선 지음 | 252쪽 | 값 15,000원

평화샘 프로젝트 매뉴얼 시리즈 학교폭력에 대한 근본적인 예방과 대책을 찾는다

학교폭력 어떻게 만들어지는가
문재현 외 지음 | 300쪽 | 값 14,000원

아이들을 살리는 동네
문재현·신동명·김수동 지음 | 204쪽 | 값 10,000원

학교폭력, 멈춰!
문재현 외 지음 | 348쪽 | 값 15,000원

평화! 행복한 학교의 시작
문재현 외 지음 | 252쪽 | 값 12,000원

왕따, 이렇게 해결할 수 있다
문재현 외 지음 | 236쪽 | 값 12,000원

마을에 배움의 길이 있다
문재현 지음 | 208쪽 | 값 10,000원

젊은 부모를 위한 백만 년의 육아 슬기
문재현 지음 | 248쪽 | 값 13,000원

별자리, 인류의 이야기 주머니
문재현·문한 외 지음 | 444쪽 | 값 20,000원

우리는 마을에 산다
유양우·신동명·김수동·문재현 지음 | 312쪽 | 값 15,000원

동생아, 우리 뭐 하고 놀까?
문재현 외 지음 | 280쪽 | 값 15,000원

누가, 학교폭력 해결을 가로막는가?
문재현 외 지음 | 312쪽 | 값 15,000원

남북이 하나 되는 두물머리 평화교육 분단 극복을 위한 치열한 배움과 실천을 만나다

10년 후 통일
정동영·지승호 지음 | 328쪽 | 값 15,000원

선생님, 통일이 뭐예요?
정경호 지음 | 252쪽 | 값 13,000원

분단시대의 통일교육
성래운 지음 | 428쪽 | 값 18,000원

김창환 교수의 DMZ 지리 이야기
김창환 지음 | 264쪽 | 값 15,000원

한반도 평화교육 어떻게 할 것인가
이기범 외 지음 | 252쪽 | 값 15,000원

창의적인 협력 수업을 지향하는 삶이 있는 국어 교실 우리말 글을 배우며 세상을 배운다

중학교 국어 수업 어떻게 할 것인가?
김미경 지음 | 340쪽 | 값 15,000원

토론의 숲에서 나를 만나다
명혜정 엮음 | 312쪽 | 값 15,000원

토닥토닥 토론해요
명혜정·이명선·조선미 엮음 | 288쪽 | 값 15,000원

인문학의 숲을 거니는 토론 수업
순천국어교사모임 엮음 | 308쪽 | 값 15,000원

어린이와 시
오인태 지음 | 192쪽 | 값 12,000원

수업, 슬로리딩과 함께
박경숙 외 지음 | 268쪽 | 값 15,000원

언어던
정은균 지음 | 268쪽 | 값 15,000원
2019 세종도서 교양부문

민촌 이기영 평전
이성렬 지음 | 508쪽 | 값 20,000원

감각의 갱신, 화장하는 인민
남북문학예술연구회 | 380쪽 | 값 19,000원

교과서 밖에서 만나는 역사 교실 상식이 통하는 살아 있는 역사를 만나다

전봉준과 동학농민혁명
조광환 지음 | 336쪽 | 값 15,000원

남도의 기억을 걷다
노성태 지음 | 344쪽 | 값 14,000원

응답하라 한국사 1·2
김은석 지음 | 356쪽·368쪽 | 각권 값 15,000원

즐거운 국사수업 32강
김남선 지음 | 280쪽 | 값 11,000원

즐거운 세계사 수업
김은석 지음 | 328쪽 | 값 13,000원

강화도의 기억을 걷다
최보길 지음 | 276쪽 | 값 14,000원

광주의 기억을 걷다
노성태 지음 | 348쪽 | 값 15,000원

선생님도 궁금해하는 한국사의 비밀 20가지
김은석 지음 | 312쪽 | 값 15,000원

걸림돌
키르스텐 세룹-빌펠트 지음 | 문봉애 옮김
248쪽 | 값 13,000원

역사수업을 부탁해
열 사람의 한 걸음 지음 | 388쪽 | 값 18,000원

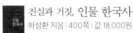
진실과 거짓, 인물 한국사
하성환 지음 | 400쪽 | 값 18,000원

우리 역사에서 사라진 근현대 인물 한국사
하성환 지음 | 296쪽 | 값 18,000원

꼬물꼬물 거꾸로 역사수업
역모자들 지음 | 436쪽 | 값 23,000원

즐거운 동아시아사 수업
김은석 지음 | 240쪽 | 값 15,000원

노성태, 역사의 길을 걷다
노성태 지음 | 324쪽 | 값 17,000원

교과서 밖에서 배우는 역사 공부
정은교 지음 | 292쪽 | 값 14,000원

팔만대장경도 모르면 빨래판이다
전병철 지음 | 360쪽 | 값 16,000원

빨래판도 잘 보면 팔만대장경이다
전병철 지음 | 360쪽 | 값 16,000원

영화는 역사다
강성률 지음 | 288쪽 | 값 13,000원

친일 영화의 해부학
강성률 지음 | 264쪽 | 값 15,000원

한국 고대사의 비밀
김은석 지음 | 304쪽 | 값 13,000원

조선족 근현대 교육사
정미량 지음 | 320쪽 | 값 15,000원

다시 읽는 조선근대 교육의 사상과 운동
윤건차 지음 | 이명실·심성보 옮김 | 516쪽 | 값 25,000원

음악과 함께 떠나는 세계의 혁명 이야기
조광환 지음 | 292쪽 | 값 15,000원

논쟁으로 보는 일본 근대 교육의 역사
이명실 지음 | 324쪽 | 값 17,000원

다시, 독립의 기억을 걷다
노성태 지음 | 320쪽 | 값 16,000원

한국사 리뷰
김은석 지음 | 244쪽 | 값 15,000원

경남의 기억을 걷다
류형진 외 지음 | 564쪽 | 값 28,000원

어제와 오늘이 만나는 교실
학생과 교사의 역사수업 에세이
정진경 외 지음 | 328쪽 | 값 17,000원

더불어 사는 정의로운 세상을 여는 인문사회과학 사람의 존엄과 평등의 가치를 배운다

밥상혁명
강양구·강이현 지음 | 298쪽 | 값 13,800원

도덕 교과서 무엇이 문제인가?
김대용 지음 | 272쪽 | 값 14,000원

자율주의와 진보교육
조엘 스프링 지음 | 심성보 옮김 | 320쪽 | 값 15,000원

민주화 이후의 공동체 교육
심성보 지음 | 392쪽 | 값 15,000원
2009 문화체육관광부 우수학술도서

갈등을 넘어 협력 사회로
이창언·오수길·유문종·신윤관 지음 | 280쪽 | 값 15,000원

동양사상과 마음교육
정재걸 외 지음 | 356쪽 | 값 16,000원
2015 세종도서 학술부문

교과서 밖에서 배우는 철학 공부
정은교 지음 | 280쪽 | 값 14,000원

교과서 밖에서 배우는 사회 공부
정은교 지음 | 304쪽 | 값 15,000원

교과서 밖에서 배우는 윤리 공부
정은교 지음 | 292쪽 | 값 15,000원

한글 혁명
김슬옹 지음 | 388쪽 | 값 18,000원

우리 안의 미래교육
정재걸 지음 | 484쪽 | 값 25,000원

왜 그는 한국으로 돌아왔는가?
황선준 지음 | 364쪽 | 값 17,000원
2019세종도서교양부문

공간, 문화, 정치의 생태학
현광일 지음 | 232쪽 | 값 15,000원

인공지능 시대의 사회학적 상상력
홍승표 지음 | 260쪽 | 값 15,000원

동양사상과 인간 그리고 사회
이헌지 지음 | 418쪽 | 값 21,000원

좌우지간 인권이다
안경환 지음 | 288쪽 | 값 13,000원

민주시민교육
심성보 지음 | 544쪽 | 값 25,000원

민주시민을 위한 도덕교육
심성보 지음 | 500쪽 | 값 25,000원
2015 세종도서 학술부문

교과서 밖에서 배우는 인문학 공부
정은교 지음 | 280쪽 | 값 13,000원

오래된 미래교육
정재걸 지음 | 392쪽 | 값 18,000원

대한민국 의료혁명
전국보건의료산업노동조합 엮음 | 548쪽 | 값 25,000원

교과서 밖에서 배우는 고전 공부
정은교 지음 | 288쪽 | 값 14,000원

전체 안의 전체 사고 속의 사고
김우창의 인문학을 읽다
현광일 지음 | 320쪽 | 값 15,000원

카스트로, 종교를 말하다
피델 카스트로·프레이 베토 대담 | 조세종 옮김
420쪽 | 값 21,000원

일제강점기 한국철학
이태우 지음 | 448쪽 | 값 25,000원

한국 교육 제4의 길을 찾다
이길상 지음 | 400쪽 | 값 21,000원
2019세종도서학술부문

마을교육공동체 생태적 의미와 실천
김용련 지음 | 256쪽 | 값 15,000원

교육과정에서 왜 지식이 중요한가
심성보 지음 | 440쪽 | 값 23,000원

식물에게서 교육을 배우다
이차영 지음 | 260쪽 | 값 15,000원

참된 삶과 교육에 관한
생각 줍기